¡APUESTA CONTRA LA TENDENCIA!

Traducido del inglés al español por Carlos Parra

Heikin Ashi Trader

DAO PRESS

Copyright © 2019 Heikin Ashi Trader

Todos los derechos reservados. Ninguna parte de este libro puede reproducirse ni utilizarse de ninguna forma ni por ningún medio, ya sea electrónico o mecánico, incluidas las fotocopias, grabaciones o cualquier sistema de almacenamiento y recuperación de información, sin el permiso por escrito del editor.

Primera edición: febrero de 2019

La información presentada en este documento representa la opinión del autor a partir de la fecha de publicación. Este libro se presenta únicamente con fines informativos y de entretenimiento. Debido a la velocidad con que las condiciones económicas y culturales cambian, el autor se reserva el derecho de modificar y actualizar sus opiniones en función de las nuevas condiciones. Si bien se han realizado todos los intentos posibles para verificar la información en este libro, ni el autor ni sus afiliados/socios asumen ninguna responsabilidad por errores, inexactitudes u omisiones. En ningún momento la información contenida en este documento se constituirá como asesoramiento profesional, de inversión, fiscal, contable, legal o médico. Este libro no constituye una recomendación o una garantía de idoneidad para ninguna empresa, industria, sitio web, activo, cartera de valores, transacción o estrategia de inversión en particular.

Publicado por:

Dao Press
Dao Press es un sello editorial de Splendid Island, Ltd.
Scanbox # 05927
Ehrenbergstr 16a
10245 Berlín – Alemania
Todos los derechos reservados

TABLA DE CONTENIDOS

Parte 1: El snapback

Capítulo 1: Opera cuando los demás tengan miedo 6

Capítulo 2: Por qué no sigo la tendencia 19

Capítulo 3: Reversión a la Media 21

Capítulo 4: La Gestión del Riesgo 35

Capítulo 5: ¿Cómo reconozco movimientos extremos? 40

Capítulo 6: La paciencia a la hora de entrar 49

Capítulo 7: ¿Realmente me protege la parada de las grandes pérdidas? 55

Capítulo 8: La gestión de las posiciones 60

Capítulo 9: La salida 62

Capítulo 10: ¿Cuándo se presentan las mejores oportunidades? 64

Capítulo 11: Porqué debes estudiar el calendario económico 66

Capítulo 12: ¿Qué mercados son más adecuados para la estrategia del snapback? 72

Parte 2: Ejemplos de trading

Capítulo 1: Ejemplos en los índices bursátiles 75

Capítulo 2: Ejemplos en el mercado de divisas (Forex) ... 78

Capítulo 3: Ejemplos en el mercado de valores 82

Capítulo 4: Ejemplos en el mercado de materias primas 87

Glosario 90

Otros libros de Heikin Ashi Trader 95

Sobre el Autor 98

PARTE 1:
EL SNAPBACK

CAPÍTULO 1

OPERA CUANDO LOS DEMÁS TENGAN MIEDO

"Creo que el mayor beneficio se logra en los giros del mercado. Todo el mundo dice que intentar ,,pillar" pisos y techos es una locura y, que el dinero se hace siguiendo las tendencias en medio del gráfico. Durante doce años, frecuentemente me he perdido esas tendencias intermedias, pero he hecho mucho dinero operando en pisos y techos".

Paul Tudor Jones

Cualquiera que empiece a negociar en el mercado de valores debe ser intrépido y valiente. No digo insensible, sino valiente. Si deseas ganar dinero como trader, debes estar dispuesto a realizar las operaciones que el resto de traders ni se atreven a considerar. Siempre ha sido así. Si haces lo mismo que el resto de la manada, obtienes lo mismo que el resto de la manada: las migajas del botín.

Por lo tanto, si quieres hacer algo temerario, como el trading, entonces debe valer la pena. Cualquiera que haya leído mis libros sobre scalping sabe que usualmente opero contra la tendencia. ¿Qué significa esto? Espero hasta que una tendencia se agote para luego tomar la posición contraria. Como scalper, me parece lógico tratar de negociar los giros de los que Paul Tudor Jones habla en su cita.

Esta configuración ha funcionado bien para un gran número de scalpers. Sin embargo, muchos, como yo, han visto que en los últimos años no siempre ha sido fácil encontrar mercados donde se pueda ganar buen dinero con el scalping. Este método funciona mejor en los mercados bajistas, y lo desarrollé especialmente para tales escenarios.

En los mercados alcistas de larga duración, como ha sido el caso desde 2009 (a noviembre de 2018), la volatilidad siempre termina agotándose. Por eso es cada vez más difícil encontrar un mercado en el que pueda hacerse scalping utilizando este método. Por lo mismo, muchos scalpers han vuelto a recurrir a los métodos clásicos de la negociación intradía. Operan con un gráfico de 5, o incluso de 15 minutos. Otros han comenzado a usar mi método en marcos de tiempo más grandes. Por supuesto, también funciona allí, porque se basa en el principio universal: ***las mejores oportunidades están en los puntos de inflexión.***

¿Existen buenas alternativas para tiempos de baja volatilidad? Una de ellas es la **estrategia del** *snapback,* o del rebote. ¿Qué significa exactamente? Todo el mundo sabe que, si estiras una banda elástica, eventualmente salta hacia atrás. Además, cuanto más se estira la banda, más fuerte es la reacción. Este principio también se aplica en los mercados financieros. Después de que un movimiento se ha extendido de manera exagerada por un tiempo, el *snapback* inevitablemente ocurre: la banda siempre termina reaccionando.

Este método se basa en el supuesto de que cuando un mercado muestra un movimiento extremo en una dirección, se puede esperar una reacción opuesta. Aunque es difícil anticipar el movimiento que origina la reacción, el trader puede esperar — con una alta probabilidad — el rebote correspondiente. El operador que utiliza esta estrategia se basa en esta probabilidad. Ni siquiera intenta adivinar si el mercado hará un gran movimiento hacia arriba o abajo, simplemente espera pacientemente. Si percibe tal movimiento, se posiciona en la dirección contraria tan pronto como el impulso anterior empieza a mostrar señales de debilidad.

Figura 1: Bitcoin, gráfico semanal, 2016 – 2018

En la figura 1 puedes ver un gran ejemplo de un movimiento que se ha extendido por bastante tiempo. El mercado se estrelló después de haberse disparado como un cohete sin límites. *Sin límites*, o al menos eso era lo que pensaban los optimistas traders de *bitcoin*, que esperaban precios aún más altos.

Este gráfico me recuerda los tiempos de la burbuja *dotcom* en el año 2000. Miles de nuevos „traders" también aparecieron de la nada, pensando que las leyes de Newton ya no aplicaban. Cualquier operador experimentado sabe que es solo una cuestión de tiempo antes de que la casa de naipes se derrumbe. Y así sucedió con la burbuja *dotcom,* con las monedas criptográficas y con cualquier otro mercado fuera de control. Este fenómeno es el tema central de este libro. En él quiero explorar situaciones de mercado en las que el *snapback* es solo una cuestión de tiempo.

El trader familiarizado con mis libros de scalping reconocerá la configuración. No soy uno de esos operadores que intenta predecir grandes movimientos del mercado (una especialidad de los analistas). No puedo predecirlos tanto como me gustaría, por lo que ciertamente no lo intento. Lo que sí puedo hacer es esperar una corrección después de un movimiento extremo, Mi método se basa en esta lógica.

Siempre ha habido traders que han utilizado el método *snapback*, o una variante de él. Por ejemplo, algunos operadores se especializan en negociar movimientos extremos en acciones de poca capitalización bursátil y que operan a precios bajos, las muy conocidas *penny stocks*. Y especialmente si logran ir en corto en *penny stocks* muy "sobrevaloradas".

A los escritores de boletines informativos les gusta recomendar ciertas *penny stocks* a sus lectores. Los impresionan con datos especialmente positivos sobre la pequeña empresa. Los lectores llaman a su agente y compran todas las acciones disponibles, que generalmente cuestan solo unos centavos en el mercado de valores (de ahí el *penny*). Por supuesto, el mercado empieza a saturarse rápidamente, y pronto, los lectores terminan comprando todo el libro de pedidos de la acción. El resultado es que el precio comienza a subir enormemente. De hecho, los aumentos de precios en 100 o 200% en dos o tres días son bastante habituales. Tal exageración inevitablemente atrae a los expertos del *snapback*, que se especializan en la venta en corto de tales acciones. Intentan establecer posiciones cortas justo cuando el impulso de la acción se va extinguiendo. Todo el mundo ha comprado y está sentado en las ganancias. Los primeros compradores están empezando a tomar las suyas, agregando presión sobre el precio de las acciones. Cuando los vendedores en corto ingresan al mercado, entra aún más presión. No pocas veces, la acción se desploma completamente, a menudo a un precio más bajo del que tenía unos días antes cuando el boletín la había recomendado. No hace falta decir que son los inteligentes traders del *snapback* — no los "lectores-inversores" del boletín —los que están obteniendo un beneficio decente aquí. Sin embargo, los operadores también deben tener cuidado, ya que pueden entrar en el momento equivocado, y la acción podría seguir subiendo por un tiempo. Si, en este caso, el trader del *snapback* no cierra sus pérdidas rápidamente, puede experimentar una pérdida mayor.

Siempre ha habido estafadores (muy a menudo los editores de esos boletines financieros), que adquieren las acciones antes de recomendarlas a sus lectores. Y cuando estos „lectores-inversores" empiezan a comprar, ellos repentinamente comienzan a vender. De esa manera, se benefician dos veces. No, tres veces.

Primero, ganan dinero con las suscripciones de sus boletines (¡un negocio rentable!). Luego, hacen dinero cuando la acción comienza a subir. Finalmente, y aún más importante, obtienen ganancias abriendo posiciones cortas cuando el castillo de naipes se derrumba. Estas personas en realidad negocian contra sus propios lectores. La mayor parte de esto funciona a través de terceros actuando como testaferros.

Esta práctica es ilegal, y grandes condenas se han producido en el pasado. Pero, aunque todos saben que los reguladores pueden identificar este tipo de fraude, sorprendentemente, siempre hay individuos que se salen con la suya. Si quieres saber cómo funciona esta estafa mientras te diviertes un poco, solo necesitas ver „El lobo de Wall Street", con Leonardo DiCaprio. Esta película muestra lo bien que funciona esta fraudulenta práctica. Sin embargo, la película se desarrolla en los años ochenta, donde los „lectores-inversores" del boletín eran engatusados por teléfono. Hoy sucede por correo electrónico, pero el principio siempre ha sido el mismo.

De todos modos, este libro no trata sobre cómo negociar las *penny stocks,* y mucho menos sobre prácticas ilegales. Más bien, quiero mostrarle al lector cómo beneficiarse de los movimientos extremos, siempre y cuando supere su miedo a ir en contra del rebaño.

Por ejemplo, si un mercado va en dirección ascendente por siete horas seguidas, y de repente empiezan a aparecer las primeras señales de que los compradores se están quedando sin dinero (pérdida de impulso), entonces puedes estar seguro de que ya estoy del otro lado del intercambio. Voy en corto. Y honestamente, esto es aterrador. A veces puedes estar un poco asustado, a veces realmente asustado. No soy la excepción. Yo también tengo miedo. Si todo el mercado va para arriba y tu dinero está en una posición corta, entonces realmente sientes que estás vivo.

Y es lo mismo a la inversa. Si el mercado ha caído todo el día debido a algún evento y todos tienen operaciones cortas, entonces puedes asumir que ya estoy en largo. Y esta posición también me asusta. *Yo contra el resto del mundo*. De eso trata este libro: **Ir contra el resto del mundo.**

No hablaría del *snapback* si no creyera que hay una sólida estrategia de negociación detrás de este método. De lo contrario, lo que estaría compartiendo aquí sería inútil. Quisiera aclarar nuevamente que esta estrategia no es un invento mío, ya que ha sido utilizada por sagaces traders de todo el mundo desde hace mucho tiempo. Tal vez aún no habías escuchado sobre ella porque estos astutos comerciantes no se preocupan por alardear de su negocio. Han internalizado el método de tal manera que ya ni siquiera piensan en ello. Lo hacen en automático. Van en corto justo cuando la mayoría de los comerciantes ni siquiera sueñan con hacerlo; si es que van en corto del todo (sabemos que solo el 1% de los inversores toman este tipo de posiciones).

La mayoría de las personas solo necesitan algún tipo de „confirmación" de que el mercado ha girado para negociar en la dirección opuesta. Algunos podrían decir que necesitan „una señal" para ir largo o corto. De hecho, existe toda una industria en el mercado de valores que hace mucho dinero ofreciendo tales „señales" a los operadores inexpertos. Pero si pretendes suscribirte a dicho „servicio de señales", perderás a largo plazo. Créeme, lo intenté varias veces en mis primeros años y, siempre terminé perdiendo más de lo que gané.

¿Por qué? Porque cuando la «señal» llega, la oportunidad ya se ha ido. Estas señales suelen llegar demasiado tarde. Piénsalo: primero, el analista debe reconocer la señal en la tabla, lo que sucede solo cuando sus indicadores se la muestran. Y esto necesariamente ocurre cuando el mercado ya ha girado y ha avanzado en la otra dirección. Luego, el analista (que, por cierto, no sigue sus propias señales, eso se lo deja a sus lectores) se dirige al ordenador y comienza a escribir un interesante informe en el que asegura que sus indicadores le han proporcionado una señal significativa y digna de negociar. Como regla general, algunas horas ya han pasado desde el giro del mercado. Si luego añadimos el tiempo que gasta el analista en organizar toda su lista de contactos y finalmente hacer clic en «enviar», ya han pasado varias horas antes de que los lectores reciban el correo. Dependiendo del tamaño del "servicio de señales", los lectores comienzan a comprar y eventualmente, tú también. Piénsalo. No todos están a la cabeza de la cadena alimenticia.

Como lector, ya puedes adivinar lo que sucede después. Si siempre esperas la confirmación, la caravana ya se habrá movido. Si ingresas al mercado en ese momento, generalmente obtienes un peor precio a que si hubieras comprado, por ejemplo, cuando el mercado estaba mostrando las señales de fatiga. "Es algo obvio", podrías pensar. El experto en bolsa alemán Andre Kostolany lo resumió acertadamente: "Hay que comprar cuando la sangre fluye en las calles". Esta cita es la expresión misma del sentido común. Las preguntas que yo formulo son: „¿Por qué es tan difícil para los traders poner en práctica esta sabiduría del mercado? ¿Y por qué muchos de ellos se sienten tan asustados de comprar cuando la sangre fluye en las calles? ¿Y por qué tienen tanto miedo de operar en corto cuando el resto del mundo va largo?

La premisa que introduzco en este libro es simple, pero muy directa: *si no experimentas miedo al operar, entonces la posición probablemente no valga la pena.*

En otras palabras, *negocia solo cuando tengas miedo.*

"Hay que comprar cuando la sangre fluye en las calles"

Andre Kostolany

Algunos comerciantes pueden tomar mi enfoque por sentado. Pero no deberían hacerlo. Te podrías preguntar cuántos traders compran o venden en puntos irrelevantes en el gráfico. Por eso reitero: negocia solo cuando sientas miedo.

Para las personas que no están acostumbradas a operar, tal afirmación podría parecer absurda. ¡¿Cómo puedes arriesgar dinero en base al miedo?! Sin embargo, ese es exactamente el punto. Si solo tienes un poco de experiencia en el mercado, sabes que este no es un ambiente racional, como lo pretenden los economistas y analistas. El mercado de valores suele ser una locura. Puedes experimentar algún tipo de exageración casi a diario. Y es exactamente con esto con lo que los traders astutos y experimentados hacen su dinero.

Si el mercado de valores fuera racional (como sugieren los ingenieros del mercado, como los llamo), entonces no habría razón alguna para entrar en él. Porque, entonces, cada precio que indican los gráficos sería un precio racional y justificado por los llamados datos fundamentales. Entonces, la *hipótesis del mercado eficiente* habría triunfado. Esta hipótesis establece que los precios del mercado de valores reflejan toda la información disponible en ese mercado. Pero toda persona con solo un poco de experiencia en el trading sabe que este no es el caso.

Sin embargo, la pregunta no es: "¿Cómo dominar esta cosa irracional llamada el mercado de valores?" Eso es lo que los ingenieros del mercado tratan de hacer. Diseñan estrategias basadas en *backtesting*, o pruebas de testeo, arrojadas por sus programas de ordenador. Para ser claros, no hay nada de malo en ello. Yo mismo he desarrollado algunas de estas pruebas y he escrito un libro al respecto. Conozco bien esta manera de pensar, y respeto a los comerciantes que la utilizan en su trading.

Sin embargo, escribí este libro para aquellos traders que están más inclinados a escuchar sus instintos. Si aprendes a escuchar tu intuición, puedes tener el mismo éxito en el mercado de valores que alguien que calcula cada simple movimiento y luego lo ejecuta desde un programa de ordenador. Me gustaría pedir a los ingenieros que salgan ahora mismo de la habitación. Los que yo llamo „comerciantes locos" pueden quedarse. Estos son los traders dispuestos a hacer cosas que la masa de comerciantes nunca se atrevería a hacer.

En otras palabras, de ahora en adelante, vamos a hablar sobre las operaciones que realmente te asustan. Porque, como dijo Plauto, el poeta romano: *Abducet praedam, qui occurrit prior.*

(Frase en latín que significa: Al que madruga, Dios le ayuda).

CAPÍTULO 2

---※---

POR QUÉ NO SIGO LA TENDENCIA

Compra alto y vende más alto o vende bajo y compra más bajo. Este es el mantra de los seguidores de tendencias, y parece razonable. Por lo general, es una de las recomendaciones más comunes en toda la industria de trading. Razón suficiente para ser escéptico.

El problema es que el trading de tendencias no funciona para la mayoría de los operadores. Podrías culparme por intentar operar mínimos y máximos como un juego de adivinanzas. A fin de cuentas, ¿quién sabe dónde estará el máximo o el mínimo del día o la semana? Nadie.

Eso puede ser cierto. Sin embargo, esa es la razón por la que cambiarse al seguimiento de tendencias hace parte del mismo juego de adivinanzas para mí. Al fin y al cabo, suponer que el mercado continuará en la dirección de la tendencia actual es también una conjetura. ¿Cómo podría estar seguro?

Para mí, los traders que buscan seguir la tendencia actúan de manera subliminal, incluso por miedo. Quieren sentirse „seguros" en la manada, porque la manada sigue la tendencia. Siempre es más seguro — o se siente más seguro — caminar detrás de la multitud, o de la tendencia. Dado que las masas siguen el camino seguro y temen llamar la atención, los resultados de este camino también son generalmente mediocres.

Lo mejor que puedes esperar si continuas por este trayecto son ganancias moderadas. Por eso recalco que, si quieres estar entre los ganadores en el mercado, tendrás que mirar tus miedos a los ojos, aprender a recorrer el camino solitario y actuar en contra de la mayoría de los traders.

Por eso soy un *opositor*, un comerciante que actúa contra corriente. Soy un trader que compra cuando todo el mundo vende, y viceversa. Esta, por supuesto, es una situación incómoda que no es para la mayoría de personas. Por eso es importante entender por qué mi método de contra tendencia funciona. Me gustaría explicarlo en los siguientes capítulos.

CAPÍTULO 3

REVERSIÓN A LA MEDIA

Antes de entrar en los detalles de este método de trading, primero debemos considerar la razón por la cual las operaciones pueden funcionar contra la tendencia, y por qué es menos arriesgado de lo que parece a primera vista. Estamos hablando del *efecto de reversión a la media*. El término proviene de las estadísticas, en las que se conoce mejor como "regresión hacia el promedio". Describe el fenómeno a menudo observado que, después de una medición extrema, la medición posterior está nuevamente más cerca de la media, si la casualidad tiene una influencia en la variable medida.

Lo que suena complicado es en realidad algo simple. Significa que cuanto más alejadas estén las mediciones de su promedio, más probable es que regresen a él.

En términos de los mercados financieros, esta teoría implica que los mercados que no se corrigen con el tiempo, no solo por casualidad, tienden a exagerar. Los mercados tienen una „memoria" por así decirlo, y tienden a revertir los movimientos anteriores.

Específicamente, esto significa que cualquier aumento de precio debe corregirse en algún momento (es decir, debe ser reemplazado por la caída del mismo). En otras palabras: „Lo que sube, debe bajar" y viceversa.

La reversión a la media, o regresar al promedio, supone que, a largo plazo, los precios no solo fluctúan alrededor de un nivel medio, sino que también regresan a él de manera activa. Por lo tanto, la teoría contrasta con la hipótesis del mercado eficiente ya mencionada.

La idea detrás de la reversión a la media es que los precios que están „lejos" de la media eventualmente volverán a ella.

Una estrategia comercial basada en la reversión a la media se basa en la expectativa de que los cambios extremos en los precios tendrán que regresar a su valor medio anterior. Por supuesto, esto se aplica tanto a precios extremadamente altos como a precios extremadamente bajos.

Ahora, como bien lo sabes, hay diferentes indicadores en el análisis técnico basados en este supuesto. Los más conocidos son el RSI (Índice de Fuerza Relativa, por sus siglas en inglés) y los diversos indicadores estocásticos.

Y aunque muchas estrategias comerciales se basan en estos indicadores, o los utilizan para la generación de señales, me han demostrado ser inadecuados cuando se trata de generar señales rentables de trading. La tasa de error es demasiado alta, sin importar cómo modifiques los parámetros.

La razón del „fracaso" de estos indicadores es simple. Lo que los estadísticos describen como un promedio, no es algo estático. Tampoco es una situación permanentemente fija en donde el trader solo necesita „esperar" a que los precios se acerquen nuevamente a ese valor. Es posible que termines esperando mucho tiempo y que la espera sea en vano.

El rendimiento promedio de los valores de renta fija puede aplicarse aquí como ejemplo. El promedio estadístico ha sido históricamente alrededor de 3%. Sin embargo, el rendimiento ha sido muy inferior a este valor desde 2010, y los inversores tuvieron que esperar mucho tiempo para que se acercara un poco más a su „media histórica". En lenguaje sencillo, esto significa que los valores medios no son cantidades estáticas fijas en el tiempo, sino variables dinámicas influenciadas por efectos externos, como la inflación. Estos valores promedio son, por lo tanto, objetivos de precio „móviles", lo que por supuesto, dificulta su cálculo exacto.

Si el valor medio de los valores de renta fija se mantiene razonablemente estable en 3%, un mercado como el del petróleo crudo presenta un panorama muy distinto. Aquí, el promedio estadístico ha sido de $31 desde 1960. Nos hemos alejado considerablemente de ese valor una y otra vez, y la pregunta es si alguna vez volveremos a él, aunque no sea imposible. Si el productor de petróleo más grande del mundo — Aramco, de Arabia Saudita — en algún momento obtiene su Oferta Pública de Venta, entonces pronto podríamos ver tasas muy por debajo de este valor promedio, porque entonces los jeques petroleros tendrían que poner todas sus cartas sobre la mesa y dejarle saber al mundo entero cuánto petróleo realmente tienen. Si esto sucediera, y resultara que los saudíes tienen suficiente petróleo para llenar todos los océanos del mundo (¡algo probable!), podríamos ver un precio de $31 para el petróleo crudo, e inclusive uno mucho más bajo. Por lo tanto, ten mucho cuidado con las opiniones excesivamente apresuradas sobre el precio del petróleo.

Esto me recuerda un encuentro que tuve hace varios años con un trader estadounidense que visitaba Berlín. Lo invité a un restaurante y él aceptó con gusto. Era un hombre amistoso pero discreto que no alardeaba mucho de su trabajo. Me miró sorprendido cuando le pregunté si podía explicarme su estrategia de trading. Era el primero en su carrera de 30 años en estar interesado, dijo. "¿Cómo puede ser eso?", pregunté. "Todos siempre quieren venderme algo o darme su opinión sobre los mercados. Nadie está interesado en lo que hago", respondió. Obviamente, fui la primera persona en preguntarle sobre su método.

Pasé cuatro horas en un restaurante de Berlín con este trader. El hecho de que le prestara toda mi atención era algo que apenas podía creer. Le hacía una pequeña pregunta de vez en cuando para aclarar algún tema, a lo que él respondía con gusto. No encontrarás nada sobre esta persona en Internet ni en ningún otro lugar. No tiene un sitio web, ni necesita „publicidad" para encontrar clientes. De hecho, es todo lo contrario. Dado que es mayor, está empezando a considerar el retiro y está más preocupado por deshacerse de sus clientes que por adquirir unos nuevos. Pero en su caso particular, no es tan fácil. Conoce a cada cliente personalmente, e incluso es amigo de algunos. También se toma la molestia de reunirse con cada uno de ellos una vez al año para discutir el desempeño de sus cuentas y sus objetivos financieros. Tiene docenas de clientes y algunos han estado con él durante décadas. Dos de ellos estuvieron entre sus primeros clientes, y le han sido fieles a lo largo de todos estos años.

Este trader tiene un rendimiento anual de 10 a 15%. Apenas ha tenido años de pérdida, o ninguno en absoluto. No es de extrañar la completa fidelidad de sus clientes. Por eso no necesita de „marketing". Todos ellos vienen a través del "boca a boca", y tiene más clientes de los que le gustaría tener. A pesar de su éxito, sigue siendo excepcionalmente modesto.

Por supuesto, las cuentas de sus clientes varían en tamaño. Los principiantes pueden invertir entre $50,000 y $70,000 con él. Otros han entrado con sumas mucho más grandes. También administra varias cuentas de varios millones de dólares, porque han crecido mucho a lo largo de los años. Este trader ha hecho a varias personas millonarias durante su carrera. De hecho, algunos han cancelado su inversión y, desde entonces, viven plácidamente de sus generosos fondos de retiro.

Esta persona es, para mí, el mejor ejemplo de lo que alguien puede lograr a largo plazo si aplica un método específico de manera constante y certera.

Pero para los estándares de la mayoría de los fondos de cobertura, o incluso para los estándares de Wall Street, este trader hace parte de una pequeña minoría.

No me malinterpretes. Si él administra „cuentas de capital" modestas, eso no significa que sus ingresos también lo sean. Por el contrario, dado que gana su dinero a través de una participación en los beneficios, tiene un ingreso excepcionalmente alto, dinero que sus clientes están encantados de darle.

Y lo sorprendente es que, para realizar esta actividad, no necesita ninguna estructura especial, legal o de otro tipo. „¿No creaste una empresa para tu actividad?" le pregunté con mucho interés. Negó con la cabeza. Habría tenido más trabajo con una empresa, pero él necesita tiempo suficiente para supervisar individualmente las cuentas de cada uno de sus clientes. Todas las mañanas se sienta por unas horas, abre la cuenta de uno de ellos y decide si necesita cambiar algo. Realmente se toma su tiempo en cada caso particular. „Todos tienen sus propios objetivos financieros", me dijo, „y es mi responsabilidad considerarlos con atención y esmero".

Debido a que analiza una cuenta específica diariamente, por lo general ha revisado la situación de todos sus clientes en un mes. Cuando termina, comienza de nuevo con el primer cliente. En la reunión anual con cada uno, siempre toma notas. No solo conoce exactamente los objetivos financieros de cada cliente, sino que también está al tanto de su situación familiar. Sabe si alguien ha fallecido o si hay un nuevo nieto. También sabe si alguien está enfermo o en vías de recuperación. En resumen, este trader conoce bien a las personas que le confían su dinero y piensa en cada una individualmente.

Probablemente te estés preguntando sobre la estrategia particular de este operador. Es muy simple. Negocia principalmente con ETFs. No comercia con acciones individuales, sino que examina una canasta de mercados y sectores internacionales. Por ejemplo, puede abrir posiciones en ETFs que rastrean el sector de las telecomunicaciones, o comprar uno de productores de petróleo o servicios públicos de los EE. UU. También está muy enterado de los eventos internacionales. Si percibe una oportunidad en Turquía, porque las acciones han caído mucho allí, entonces compra un ETF en el mercado de valores turco.

¿Su estrategia? Compra cuando un mercado ha caído 20%. Punto. Esa es toda su estrategia.

"¿Qué?" Pregunté. "¿Eso es todo?"

Me miró desconcertado, pero con calma. Sí, respondió. Eso es todo. No podía entender mi sorpresa.

"Pero", continué, "¿qué hace si el mercado cae otro 20%?". "Bueno, compro nuevamente. Compro cuando el mercado cae 20%". "Pero eso es promediar a la baja", le dije. "Claro, lo es", respondió, y me miró de nuevo con asombro. Hasta ese momento, yo había considerado promediar a la baja o promediar el costo como uno de los pecados de trading más grandes de la historia. Me miró como si no entendiera muy bien el origen de mi confusión. Él no tenía ningún problema en promediar. Era su método. Comprar un mercado cuando está barato. A él no le importa si tiene que esperar dos meses o cinco años antes de que la posición entre en beneficio. Él es lo suficientemente paciente, al igual que sus clientes. Si el mercado vuelve a caer 20%, ¡genial! Entonces compra de nuevo.

Dado que opera sin apalancamiento, simplemente puede esperar a que cualquier posición en rojo gire. Tampoco considera las posiciones de pérdida como tales. Simplemente dice: „Tengo una posición". Sabe que el tiempo está de su lado.

Esta estrategia funciona para él. Y como no comercia con acciones, sino con mercados, su posición nunca puede llegar a cero. No importa la crisis que atraviese un sector, en algún punto todo mercado bajista termina, y luego llega la oportunidad de rentabilizar su paciencia y coraje. Este trader considera que esto es normal, y se puede dar el lujo de esperar a que ese momento llegue.

Rara vez he visto a una persona más modesta, estoica y relajada que este comerciante. No tiene expectativas de retorno excesivas. Si es „solo" el 5% en un año, no se impacienta. Este trader sobrevivió a la caída de 1987 en el S&P 500. También resistió la explosión de la burbuja *dotcom* y la crisis financiera de 2008. Ha participado en todos los mercados alcistas y bajistas desde la década de 1980 y ha piloteado con éxito las cuentas de sus clientes a través de todos estos altibajos. Y siempre compró cuando el mercado cayó 20%.

¿Por qué te estoy contando esta historia? Primero, por supuesto, porque admiro a este trader por sus logros y por lo sigue haciendo hoy (quiere permanecer en el anonimato). Aprendí más en esas 4 horas en el restaurante de Berlín que en muchos años en el mercado. Este operador rompe casi todas las reglas que el trading convencional siempre trata de enseñarnos, y es muy exitoso.

Por ejemplo, él no utiliza paradas. Me miró de nuevo con esa peculiar expresión cuando abordé el tema. La verdad, en ese momento no estaba seguro de que estuviera familiarizado con el término „parada". Para él, „tener una posición" es casi lo mismo que „tener una convicción". Por supuesto, esa es otra regla que transgrede continuamente, ya que toda la literatura comercial aconseja renunciar a tales convicciones. Si es posible, también a las opiniones. Pero este trader actúa contra la corriente. „Creo que Turquía se recuperará de esta crisis y las acciones volverán a subir", dijo cuando le pregunté por qué acababa de comprar un ETF de acciones turcas.

Así, cuando compró acciones turcas, fue debido a una clara opinión que tenía sobre el mercado de valores de ese país. Si está convencido de la infravaloración de un mercado — debido a una corrección o un evento imprevisto — está interesado en abrir una posición en él. Y no le importa si el mercado sigue cayendo después de haber abierto la posición inicial. "Mucho mejor", dijo, "entonces puedo obtener los ETFs a precios más bajos".

Y así rompe otra „regla de oro" del trading convencional: nunca promediar a la baja. Esta es probablemente una de las máximas más sagradas en la industria, y se basa en la extraña suposición de que un trader siempre tiene que acertar con su primera posición. Si no lo hace, la parada entra para limitar sus pérdidas. Debido a que esto sucede con bastante frecuencia, el trader solo tiene que intentarlo varias veces. Por supuesto, esto les conviene a los agentes más que a nadie. Más operaciones (una orden de parada también se traduce en más comisiones) significan más ingresos para el bróker. Hay que tener cuidado con la literatura comercial que se lee...

Este trader no es un buen cliente para su agente. Si compra, no le importa si la posición permanece en su cuenta durante una semana o cinco años. Como bróker, no vas a ganar mucho dinero con un trader que piensa más en sus clientes que en las comisiones.

Este comerciante jamás ha asistido a una feria de trading ni a una conferencia de gerentes de fondos de cobertura, aunque técnicamente hablando, él mismo dirige uno, y con gran éxito. Solo va a Nueva York de vez en cuando, cuando quiere tomar un vuelo a Europa. Le encanta pasar semanas en ciudades como Roma, París o Praga y visitar tantos museos o exposiciones de arte como sea posible.

Nueva York y Wall Street no le interesan en absoluto. Prefiere reunirse con sus clientes y charlar sobre sus hijos o nietos. Él sabe exactamente quién está bien y quién tiene problemas de salud. No le preocupa el dinero en absoluto, porque tiene suficiente. Por el contrario, me confesó que preferiría que más clientes cerraran sus cuentas, porque entonces podría pasar más tiempo en Europa. Sí, este trader administra su „fondo" sobre la marcha, con un simple ordenador portátil.

Tiene mucho que hacer y no quiere involucrarse con la industria financiera. Cuando está en casa, vive en una ciudad mediana, en algún lugar en medio de la nada. Es una persona completamente única que sigue su propio camino y no le interesan las reglas. Él es, para mí, la personificación del sueño americano. Sin embargo, no es el sueño de alguien que se enriquece a costa de los demás. Se ha ganado su libertad y dinero a través de una labor consistente y honesta. Él no les promete el cielo y las estrellas a sus clientes, simplemente les explica lo que pueden esperar: un rendimiento sólido con una estrategia a largo plazo. Y en realidad, eso es exactamente lo que buscan la mayoría de las personas que no comercian. Solo piénsalo.

A primera vista, esta historia no tiene mucho que ver con el método que se presenta en este libro, porque a diferencia del sistema de mi amigo, la estrategia *snapback* es a corto plazo. A muy corto plazo, en realidad. Debes, además, usar paradas, como siempre que operas con apalancamiento. Te estoy contando esta historia simplemente porque quiero que te contagies con algo de la ecuanimidad de este trader estadounidense. De seguro la vas a necesitar.

Si planeas comerciar con el *snapback*, o cualquier otra estrategia, pronto descubrirás que el hábito más importante que necesitas es la ecuanimidad. Y este trader la tiene. Tampoco tiene miedo. Mientras los mercados suban o bajen uno o dos por ciento, el mundo parece estar en orden. Pero cuando una acción o mercado cae 20% o más, entonces la mayoría de los operadores entra en pánico, porque todo puede empeorar. A veces sucede, pero mi amigo no se asusta en ese tipo de situaciones. Todo su método se basa en esperar que estas caídas ocurran. Entonces él actúa.

Y lo hace metódicamente, con calma y en completa serenidad.

Quizás te estás preguntando cómo puedes alcanzar tal serenidad, porque siempre hay algo emocionante sucediendo en el trading con productos apalancados. Eso es seguro. Pero entre más experiencia vas recogiendo en el trading, más anhelas tal ecuanimidad. Llegará el momento en que querrás poder dormir tranquilo sin tener que preocuparte constantemente por las posiciones que tiene abiertas en el mercado. Y solo podrás hacerlo cuando empieces a considerar **el tamaño de tus posiciones**. Y eso es exactamente lo que haremos en el siguiente capítulo.

CAPÍTULO 4

LA GESTIÓN DEL RIESGO

Como todo trader sabe, o debería saber, la gestión del riesgo es una de las herramientas más importantes, si no la más importante, en todo su inventario. Debe ser el operador quien controle el riesgo, y no un factor externo como „el mercado" o, peor aún, una cuenta con poco capital.

Esta última, en mi experiencia, es la principal razón por la que los traders fracasan: posiciones sobre apalancadas. ¿Qué quiero decir con esto? Los comerciantes inexpertos suelen abrir posiciones (con margen, esto es, a crédito) francamente ridículas en relación con su capital de trading. Lo digo en serio. ¡Ridículamente grandes! Sé que muchos traders utilizan la llamada regla del 1%, sin embargo, creo que esta regla sigue siendo temeraria. Si arriesgas el 1% de tu capital por operación, puede no parecer demasiado, ya que si pierdes una vez, aún tienes el 99% de tu capital disponible (aunque matemáticamente esto no es correcto, de hecho, tienes menos).

Los traders profesionales arriesgan 0.2 o 0.3% de su capital, y algunas veces menos. La razón es simple: pueden operar de una manera mucho más calmada. Si estás en un período de reducción, no te afecta demasiado. Pero si atraviesas un período de reducción con la regla del 1%, entonces perder el 10% o el 15% de tu capital de trading empezará a afectar tu confianza. Perderás el foco y, peor aún, comenzarás a tomar mayores riesgos para compensar la pérdida acumulada. Actuar así es humano, pero también el camino garantizado a la ruina. Créeme; sé de lo que estoy hablando. Yo mismo destruí varias cuentas operando de esta manera. ¡Varias!

Así que, por favor, no sigas mi ejemplo. Empieza tu carrera de trading con el pie derecho y disminuye el tamaño de la posición que deseas negociar. Redúcela a la mitad, o incluso mejor, opera con una cuarta parte del tamaño original. Facilitará enormemente tu trading y tu vida. Esto se aplica en particular al método presentado aquí. De vez en cuando, encontrarás que el mercado se mueve en contra de tu posición mucho más tiempo del que esperabas. Sí, los mercados a veces pueden desplazarse de manera irracional en una dirección antes de corregirla (como *bitcoin*). Si estás en el lado equivocado de la operación, tu frente empieza a sudar más rápido de lo que puedes imaginar, una señal inequívoca de que tu posición es demasiado grande.

La mejor decisión que puedes tomar es asegurarte de no entrar en este tipo de situaciones.

Ahora, algunos lectores pueden objetar: Todo muy bien, trader Heikin Ashi, pero si opero con mini posiciones entonces apenas voy a aumentar mi cuenta, y mucho menos poder vivir de mis operaciones.

Mi respuesta a esta objeción es categórica y directa:

Elimina la idea de tu cabeza de poder ganarte la vida con tu ridículo „capital comercial" de $10,000. No tendrás éxito.

Tu tarea es primero dominar el método de trading que has elegido. Si logras obtener un rendimiento de entre 15 y el 20% anual, como mi amigo comerciante, con reducciones máximas de menos de 10%, entonces ya habrás probado tu capacidad. Con mi relajada gestión de riesgo, esto es factible.

Y si eres capaz de obtener tales rendimientos con un riesgo manejable, los inversionistas te darán todo su dinero. Porque ellos solo buscan eso: un rendimiento anual sólido con un riesgo razonable. ¿Cómo puedes obtener este dinero? Lo expliqué en mi libro, „¿Cómo empiezo un negocio de trading con $500?".

Olvídate de lograr ese objetivo con tus míseros $10,000 (o incluso menos). Pero si aún quieres lograr este poco aconsejable objetivo, ten en cuenta una cosa: los operadores profesionales obtienen esos $10,000 más rápido de lo que puedas imaginar. Sé que la mayoría de los traders ignorarán mi consejo (yo lo hice). Sin embargo, no digas que no te lo advertí.

Tengo otro consejo. Supongamos que tienes $10.000 de capital comercial. Por favor, solo transfiere el 20%, es decir, $2000, a tu cuenta de operaciones. Si obtuviste una ganancia de $200 o $500 después de algún tiempo, transfiere este dinero a una cuenta bancaria, es decir, a un lugar no destinado para negociar. Recompénsate. No te ganarás la vida con esto, pero programarás tu mente subconsciente para el éxito. Así que no pienses en porcentajes, sino en dinero real. Dinero que puedes *invertir* en una buena comida, una película con tu pareja o, como yo, algunos buenos cigarros.

Permíteme repetirlo claramente: sácate la idea de ganarte la vida con una suma tan pequeña de la cabeza. Este pequeño capital inicial, no importa cuánto sea, te servirá para aprender tu oficio. Si aún tienes la loca idea de que puedes ganarte la vida operando con tu propia cuenta, debes tener al menos medio millón de dólares en la mesa. Con este capital, puedes intentar una gestión conservadora del riesgo (después de una preparación y capacitación suficientes). Pero no lo recomiendo, no mientras no domines primero tu oficio.

Si, como la mayoría de las personas, no cuentas con este dinero, entonces tendrás que convencer a los inversionistas para que te lo entreguen. Y solo podrás hacerlo **cuando realmente sepas negociar**. Esto significa que has construido un historial de al menos un año de antigüedad y que cumple con los requisitos antes mencionados. Solo entonces estarás en camino de convertirte en un verdadero profesional como mi amigo estadounidense.

Cada uno sigue su propio camino. Por supuesto, puedes intentar ingresar a un fondo de cobertura o cualquier gestor de activos. Es posible, pero no es fácil. Sé de lo que estoy hablando, porque yo mismo lo intenté. Otra alternativa podría ser ensayar el método de mi amigo comerciante. Esta es en realidad la opción más atractiva para mí. Una estructura ligera con los menores costos administrativos posibles y una relación personal con los clientes.

Ah, y sobre el potencial de ganancias de ese modelo... Mi amigo percibe fácilmente una suma media de seis cifras al año. No conozco tus ambiciones, pero personalmente podría vivir muy bien con este tipo de dinero.

Por último, no quiero descartar que puedas tener éxito „por tu cuenta"; esto es, transformar $5,000 o $10,000 en un millón. Hay personas con orígenes modestos que se convirtieron en grandes comerciantes. Existen, pero no son muchos.

CAPÍTULO 5

¿CÓMO RECONOZCO MOVIMIENTOS EXTREMOS?

Para reconocer un movimiento extraordinario en el gráfico, es importante que lo observes desde la perspectiva correcta. Eso significa que no solo debes ver el movimiento actual, sino **comprimir el gráfico** hasta que puedas estudiarlo en el contexto de los últimos días o semanas. Solo entonces la importancia del movimiento actual se hace evidente, y puedes comenzar a evaluar si lo que sucede en el gráfico es algo extraordinario, o no.

Fig. 2: Oro, Gráfico horario

Lo que quiero decir con "comprimir" se ilustra mejor con este gráfico horario en el futuro del oro. Al comprimirlo, intento que la mayor cantidad de datos sean visibles en el gráfico. Puedes ver claramente que el impulso ascendente en el lado derecho de la tabla (flecha) se destaca del resto de movimientos en las semanas anteriores. En pocas horas, el oro subió más que en todo el mes anterior. Movimientos como este siempre deben llamar tu atención.

Encontré otro ejemplo en el futuro del Bund alemán (un contrato de futuros a 10 años sobre el bono del gobierno alemán), que se prolongó por varios días y representó una ganancia de más de 600 puntos.

Un gran movimiento en ese momento. ¿Cómo lo sé? Porque lo contextualicé en relación con lo que había sucedido antes. Mira el precio antes del movimiento y compáralo con el impulso ascendente que siguió (flecha verde).

Figura 3: Futuro del Bund, gráfico de 4 horas, diciembre 2017 – junio 2018

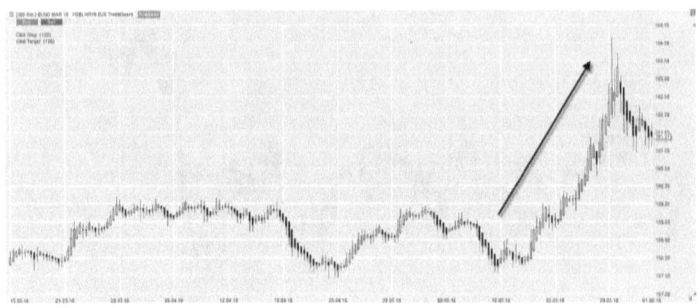

La acción del precio era relativamente tranquila en comparación con el movimiento que la sucedió. El futuro se desplazó, con excepción del movimiento descendente del 5 al 7 de marzo, en lapsos relativamente tranquilos. En la mayoría de los días, el rango fue inferior a 70 puntos. Entonces, de repente, el futuro subió más de 600 puntos en pocos días.

Usualmente hay „razones" para tales sobresaltos en el mercado. Sin embargo, eso no debería interesarnos aquí. Como dije antes, es difícil, por no decir imposible, predecir o anticipar tales valores atípicos. Lo que generalmente podemos esperar es la corrección de estos movimientos extremos. En este ejemplo, el movimiento ascendente se corrigió incluso en más de 50%, y un vendedor en corto habría podido obtener un beneficio decente aquí. Por cierto, el futuro del Bund regresó exactamente a su media clásica, es decir, el precio promedio de los últimos 50 días, más conocido como la línea de 50 días (línea verde en el gráfico en la figura 4).

Figura 4: Futuro del Bund, gráfico diario, febrero – agosto 2018

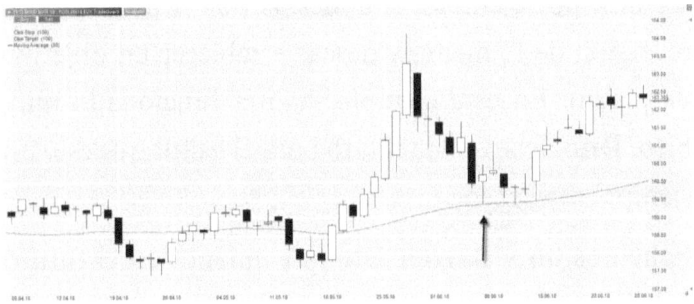

El futuro se „alejó" temporalmente de la línea de 50 días (línea verde en el gráfico) y luego regresó a ella, como si nada hubiera pasado (flecha negra inferior).

La imagen también ilustra que no existe tal cosa como un promedio estático, como ya se mencionó. La línea verde de 50 días sigue la tendencia general de los futuros del Bund. Aumentará si los precios del futuro son más altos, y caerá si la mayoría de los precios bajan. No voy a entrar a discutir si se debe ponderar una media móvil de forma exponencial. Para la estrategia del *snapback*, una a corto plazo, apenas importa. No pude ver ninguna mejora en los resultados cuando utilicé una media móvil exponencial en lugar de una simple. Depende de cada trader si quiere usar la línea de 50 días u otro indicador en esta estrategia. Por supuesto, esta línea (¡en el gráfico diario!) te da una indicación de lo que los jugadores profesionales en este mercado consideran un precio „justo". Sin embargo, como dije antes, esta percepción también está cambiando constantemente. La línea puede ser útil, por ejemplo, si apuestas por el principio de reversión de la media y deseas establecer un objetivo de precio. En este ejemplo, habría funcionado muy bien. Pero debe quedar claro para el lector que este no siempre es el caso.

Echemos un vistazo a este movimiento en el futuro del Bund nuevamente, esta vez en el gráfico horario, ya que entonces notarás una característica especial.

Figura 5: Futuro del Bund, gráfico horario, mayo – junio 2018

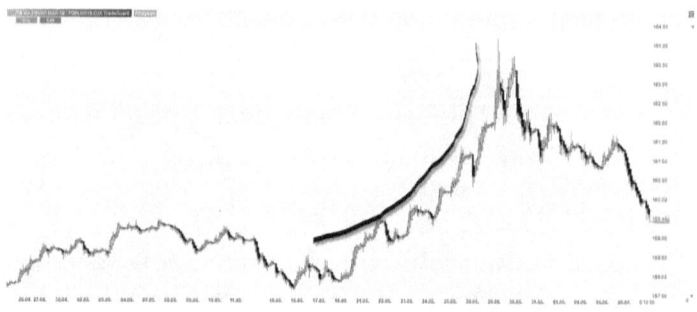

Si observamos más de cerca la figura 5, vemos una situación típica que atraerá la atención del trader utilizando el *snapback*. En algún momento, el mercado comenzó a romper sus niveles previos. Esto no sucedió explosivamente, sino gradualmente. El movimiento ascendente se inició el 18 de mayo de 2018. Al principio, parecía ser un impulso ascendente normal en el contexto de los movimientos de precios habituales de las semanas anteriores. Sin embargo, después del fin de semana del lunes 21 de mayo, el movimiento ascendente continuó. Algunas correcciones menores se presentaron en los días siguientes, pero los compradores no se tardaban más de un día en seguir impulsando el mercado cada vez más arriba. En algún momento parecía que este rally no tendría final. Luego, el futuro comenzó el lunes 28 de mayo con una brecha a la baja, pero los compradores cerraron esta brecha en unas pocas horas y siguieron empujando el mercado. Ganaron sin esfuerzo 150 puntos ese día, y el precio de cierre fue casi el máximo de la jornada. Al día siguiente, el martes 29 de mayo, los toros ya estaban oficialmente fuera de control, y lograron generar 200 puntos más en el Bund en solo tres horas. Cualquiera que abriera el gráfico horario del futuro del Bund en ese momento se sorprendía con el marcado empujón ascendente.

Aquellos que hacían seguimiento de las últimas semanas pudieron ver claramente en el gráfico que el futuro estaba formando un **movimiento parabólico**, similar al que conocemos de la figura de *bitcoin*. La principal característica de tal movimiento es que aumenta exponencialmente. Al principio, el movimiento parece ser „normal", pero los precios empiezan a subir más y más gradualmente hasta que se disparan casi de manera vertical, como fue el caso en la mañana del 29 de mayo. Es como si el mercado estuviera subiendo como un cohete.

Esta suele ser una señal casi inequívoca de que la masa de traders tiene posiciones largas, y casi no hay vendedores; exactamente la situación que llama la atención del operador del *snapback*. Solo debes esperar los primeros signos de agotamiento en el mercado, que normalmente vienen cuando los primeros comerciantes empiezan a tomar sus ganancias. Porque la forma en que el Bund se disparó en las primeras horas de negociación del 29 de mayo ya casi no era „normal", aunque tal afirmación en el mercado de valores es algo peligrosa. En teoría, el futuro podría haber subido cientos de puntos más (y siempre debes esperar tal eventualidad, especialmente en días tan locos). Por eso es tan importante que realmente trabajes con paradas bien definidas en esta estrategia. Siempre hay situaciones donde los mercados se mueven de manera irracional, como si los actores involucrados hubieran perdido todo sentido de „precios razonables". Debes protegerte contra tales situaciones.

Es difícil predecir cuándo el movimiento extremo finalmente se debilitará, y la verdad es que puedes esperar aumentos adicionales (en el caso de un movimiento ascendente) en cualquier momento, al menos a corto plazo. Estos movimientos entonces se convierten en el mayor peligro para los opositores con posiciones cortas. Quedan en *out*, en posición indebida. Por lo tanto, un ajuste activo de las paradas es esencial para todo opositor. Tiene que limitar sus pérdidas, sabiendo que el impulso puede superarlo en cualquier momento. Es por esto que no recomiendo este método para un principiante. Solo aquellos traders capaces de anticipar y evaluar tales situaciones de mercado y que pueden elegir un tamaño de posición adecuado deben considerarlo.

Sin embargo, todo „zorro astuto" deambulando por los mercados se deleita al observar un movimiento tan parabólico en el gráfico. Él sabe por experiencia que es solo cuestión de tiempo antes de que la tendencia gire, o al menos se corrija a sí misma. Tan pronto el mercado se prepara para crear más picos, las paradas tienen que hacer su trabajo. Esto le demostraría inequívocamente al opositor que está equivocado en su evaluación y que ha llegado el momento de salir mientras la pérdida es pequeña.

Por supuesto, esto ilustra claramente que también sufrirás pérdidas con el método del *snapback*. Como en cualquier otra estrategia, esas pérdidas están lógicamente relacionadas con las ganancias potenciales. Por lo tanto, puedes reducir el trading a la simple fórmula:

Tasa de aciertos / ganancia promedio - pérdida promedio.

Al comprender y dominar esta fórmula, podrás construir un negocio de trading rentable, sin importar la estrategia que utilices.

CAPÍTULO 6

LA PACIENCIA A LA HORA DE ENTRAR

Como ya se mencionó, no es fácil determinar cuándo un mercado está sobrevendido y, por lo tanto, justificar la apertura de una posición corta. Debemos tratar de entender el concepto de *sobrecompra* y *sobreventa* en el contexto de los eventos actuales del mercado. Por ejemplo, si un mercado está experimentando una fuerte tendencia, este concepto será obsoleto. Un mercado en rápido ascenso está permanentemente „sobrecomprado". Es por eso que todos los indicadores que se relacionan con él fallan aquí. En cambio, las caídas o correcciones técnicas en una fuerte tendencia alcista son, sin duda, buenas oportunidades de compra. Sin embargo, ese no es el tema de este libro.

Es por eso que no trabajo con indicadores para determinar mi entrada. No me ayudan. **Es la gestión del dinero** la que me ayuda. Y es, como ya hemos comentado, rigurosamente conservadora. Debe serlo, de lo contrario no podría alcanzar mi objetivo. Si mantienes las posiciones lo suficientemente pequeñas, siguen siendo manejables, y eso es de lo que se trata. Nunca debes perder el control de tu posición, sin importar lo que suceda. Si por alguna razón pierdes el control, debes cerrar la posición inmediatamente, o al menos reducirla.

Nada está tallado en piedra con este método. El trader del *snapback* intenta atrapar los altos y bajos. Sin embargo, rara vez tendrá éxito. Como regla general, siempre entrará o muy pronto o muy tarde. Por lo tanto, **debes asumir que tu posición inicialmente estará en rojo.** En algunos casos, por lo menos. El procedimiento habitual entonces es „limitar las pérdidas" y trabajar con paradas relativamente cercanas a la entrada. "Las pequeñas pérdidas no hacen daño", se cree. Esto se puede aplicar a las estrategias de scalping y la mayoría de las estrategias de negociación diarias. Pero el método del *snapback* no es ni scalping, ni trading intradía ni una estrategia de swing trading, ya que a veces reclamarás tus ganancias después de 20 minutos, y a veces solo después de cuatro días. Y tienes que ser capaz de soportar eso.

El trading intradía convencional usualmente se basa en el *timing* exacto, que realmente no existe. Cualquiera que lo haya intentado lo sabe. O compras demasiado pronto (el mercado continúa en tu contra) o demasiado tarde (y el mercado ya ha girado y se ha corregido un poco).

Cuando se utiliza el *snapback*, siempre recomiendo ver el gráfico desde una mayor temporalidad. Cuando miro los gráficos horarios, por lo general los comprimo para hacer un seguimiento de lo que ha sucedido en el mercado en las últimas semanas. Si utilizas una perspectiva más amplia, eventualmente verás lo absurdo de tu ansiedad cuando tu posición está inicialmente en rojo. Acabas de comprar y el mercado ha caído otros 50 puntos. ¿Y qué?

Espero que entiendas ahora por qué deberías comerciar con posiciones pequeñas. En general, el poder de la reversión a la media finalmente golpeará, y el mercado girará. Si tienes una posición demasiado grande en relación con tu capital, y debes cerrarla porque ya no puedes „soportar" las pérdidas, entonces no podrás beneficiarte cuando el mercado gire y se empiece a mover a tu favor.

Uno de los mayores obstáculos para los traders principiantes es la paciencia. Y enfrentémoslo, ¿quién la tiene en estos tiempos agitados? ¿Puedes abrir tu plataforma de operaciones por la mañana, estudiar sus gráficos y luego cerrarla sin realizar una operación? Si no comercias, es simplemente porque no hay nada para comerciar. Los mercados funcionan dentro de su rango habitual y no ofrecen la oportunidad para lucrarse de un rebote. No hay movimientos extremos en ninguno de tus gráficos que justifiquen abrir una posición.

Si puedes reunir la paciencia y la disciplina necesarias para esperar las pocas oportunidades reales de la semana, podrás aumentar significativamente tus posibilidades de éxito. En mi experiencia, cada semana en promedio hay dos o tres oportunidades excelentes si te limitas a los principales mercados. Si usas un escáner para rastrear movimientos extremos en acciones (al menos de aproximadamente 15%), entonces quizás encuentres algunas más.

Las rápidas ganancias que en ocasiones puedes y debes obtener (ver ejemplos en la segunda parte) a veces dan la impresión de ser producto del scalping. Sin embargo, para mí, el scalping es un mundo aparte (Mira mi libro: „¡El scalping es divertido!").

Estoy convencido de que, con este método, puedes desarrollar un negocio de trading rentable. Realmente no necesitas más de 40, 60 o 70 puntos de vez en cuando. Y ni siquiera debes sentarte frente a la pantalla de tu ordenador por interminables horas para obtener estos beneficios. Por el contrario, una vez hayas configurado correctamente tus escáneres de mercado, una breve consulta puede ser suficiente cada tres horas. Después de un tiempo, verás automáticamente si hay una oportunidad rentable o no. Los modernos dispositivos móviles lo hacen muy fácil. Algunas plataformas incluso te envían una alerta (SMS o correo electrónico) cuando algo interesante está sucediendo en el mercado.

Con este método tienes la gran ventaja de no tener que negociar todo el día para obtener buenos resultados. Puedes hacer otras cosas (o negociar otras estrategias) simultáneamente.

Por cierto, esto también se aplica a los momentos en los que tienes una posición abierta en el mercado. No cometas el error de seguir cada tick de tu operación. El trading es un juego de probabilidad. Nunca atraparás — o probablemente solo por suerte — el máximo o mínimo del día. Eso significa que tu entrada en la transacción es sólo una coincidencia. Por supuesto, el *snapback* se basa en que el mercado corrija el movimiento anterior, al menos parcialmente. Cuánta corrección se producirá (e incluso si corregirá del todo), es mejor dejarlo al mercado.

En otras palabras, **siempre debe trabajar con órdenes bracket**. Las órdenes bracket siempre consisten de tres órdenes. Si desea ir largo, abre la posición con una orden de compra. Esta orden está automáticamente acompañada por una orden de venta, que determina tu riesgo en la transacción. Al mismo tiempo, el sistema también establece una orden de límite de venta, que asegura el beneficio una vez que el mercado alcanza tu precio objetivo. Esta orden bracket es un aspecto primordial de tu gestión de riesgo y te ayuda a calcular tu riesgo máximo. Si, por alguna razón, no puedes supervisar tu posición debido a otros compromisos, las órdenes bracket harán el trabajo por ti. El mercado alcanzara tu parada o tu precio objetivo. Si tu posición sigue abierta a tu regreso, entonces tienes la opción de tomar los beneficios acumulados y cerrar el pedido. Si hay indicios de que el mercado puede girar nuevamente y obligarte a devolver las ganancias acumuladas, no tienes por qué esperar hasta que tu precio objetivo sea alcanzado.

Toma lo que el mercado te da. Parece simple, pero es muy difícil de hacer.

He aprendido esta sencilla regla en base a mis errores. Siempre he sido el héroe que espera a que el mercado alcance su precio objetivo en lugar de simplemente tomar el dinero sobre la mesa. Debí aprender — a la fuerza — a tomar las ganancias disponibles, ya fueran 50 o 500 dólares.

CAPÍTULO 7

¿REALMENTE ME PROTEGE LA PARADA DE LAS GRANDES PÉRDIDAS?

No importa lo rápido o lento que quieras cerrar tu posición, siempre puedes dormir tranquilo con las órdenes bracket. El riesgo es limitado desde el principio. Bueno, no del todo. En fases volátiles, y en particular en caídas bruscas y repentinas de los precios, el precio de ejecución puede diferir significativamente del precio de parada. Esto es especialmente cierto si mantienes una posición abierta durante la noche o el fin de semana. Es muy posible que el mercado abra el lunes por la mañana con una brecha sustancial. Si operas con instrumentos apalancados, como futuros o divisas, esto puede llevar a reducciones significativas, y en casos extremos (como el llamado „francogeddon") a pérdidas totales.

Como ya se mencionó varias veces, el mejor seguro contra estos casos extremos es negociar con posiciones pequeñas o „justificables". Como trader, siempre debes tener en cuenta el peor de los casos. Por regla general, y según mi experiencia, esas pérdidas y ganancias se equilibran a lo largo de la carrera de un trader (el movimiento extremo a veces puede ocurrir en tu beneficio, como me sucedió una vez con el EUR/JPY durante la crisis del euro. ¡Había ganado 700 pips en solo media hora!). A veces estarás en el bando ganador, y otras veces en el perdedor.

Sin embargo, en muy raras ocasiones, este movimiento extremo puede llegar a ser peligroso. Es ahí donde hablamos de eventos tipo *cisne negro* — como el mencionado francogeddon — en el que toda la comunidad financiera es sorprendida por una exageración externa. En el caso del francogeddon, el Banco Nacional de Suiza levantó sin previo aviso el tope mínimo de cotización del euro de 1,20, el 15 de enero de 2015. El franco suizo se disparó en casi 20 por ciento de un solo golpe.

Solo una **parada de pérdida garantizada** te puede ayudar contra un evento de esta naturaleza. Aquí, el agente garantiza el cierre de la posición exactamente al precio deseado y, por lo tanto, asume el riesgo y debe afrontar los costos de cualquier desviación. A cambio, el trader generalmente paga una comisión por esta garantía. La comisión también puede cobrarse ampliando los diferenciales. Es por eso recomendable que consideres este cargo como una especie de prima de seguro. Habla con tu bróker y pregúntale si ofrece órdenes garantizadas y su valor.

Queda a discreción del trader si desea comerciar con paradas garantizadas o no.

En cuanto a este tema, tengo dos observaciones. Primero, como dije antes, debes operar con posiciones apropiadas para que, si ocurre un evento de este tipo, tu cuenta no desaparezca de inmediato. Segundo, en casos extremos, como el francogeddon, el bróker asumió la pérdida, aunque no tenía que hacerlo. Este fue el caso de mi agente. Es muy importante que elijas uno que haya sobrevivido a eventos parecidos, y quizás haya intervenido a favor de los clientes sorprendidos en el „lado equivocado". Tercero, en el caso del *snapback*, generalmente estamos en el lado seguro del mercado, porque „el desastre" ya ha ocurrido. La estrategia está diseñada para **esperar el movimiento extremo y luego tomar la posición opuesta**. Esto es el mejor seguro contra los movimientos extremos de precios.

Por cierto, estas situaciones extremas no solo ocurren en el lado corto. También hay casos de acciones que han aumentado tan drásticamente de precio, que los traders cortos prácticamente quiebran. Probablemente el ejemplo más destacado fue el precio de las acciones ordinarias de Volkswagen a fines de octubre de 2008. El 26 de octubre de ese año,

Volkswagen informó a Porsche que había aumentado su participación en Volkswagen, de 35% a 42%. Había ganado 6% y asegurado 31,5% adicional a través de opciones, resultando en una participación total de 74,1% en el pleno ejercicio de la opción. Sin embargo, muchos operadores apostaron a la caída de los precios y vendieron en corto las acciones ordinarias de Volkswagen. Dado que el estado alemán de Baja Sajonia poseía otro 20% de las participaciones de la automotriz, menos de 6% de las acciones seguían siendo negociables libremente. Los vendedores en corto, sin embargo, habían tomado prestado 12% de las acciones que debían comprar para restituir el préstamo. Por supuesto, se encontraron en una especie de "estrangulamiento" de posiciones cortas. Cuando cerraron sus posiciones, ¡el precio de las acciones ordinarias explotó y subió en dos días desde alrededor de 200 a más de 1,000 euros!

Este ejemplo muestra que el mercado a veces puede ser muy irracional. Por lo tanto, es importante que, como trader — que en la mayoría de los casos actúa como un fondo de cobertura con productos apalancados — sepas lo que estás haciendo.

En cuanto a la distancia de la parada a la entrada, normalmente elijo una parada generosa. Volvamos al comercio de los futuros del Bund por un momento. Si un mercado ha subido 600 puntos y decido ir corto, esperando capitalizar al menos 100 a 200 puntos de la corrección, entonces no tiene sentido trabajar con una parada de 50 puntos. Espero que entiendas esto. En la mañana del 29 de mayo, el futuro del Bund se disparó 200 puntos, antes de alcanzar su punto máximo. Si te pones corto aquí, la probabilidad de que una última oleada de compradores alcance una parada de 50 puntos es considerablemente alta. Puede funcionar, pero es más probable que te saquen del mercado a que te beneficies del movimiento.

Es por eso que elegiría una parada de al menos 150 puntos en estos movimientos. Está lo suficientemente alejada del mercado actual, y en caso de que también sea activada, automáticamente sabes que tu evaluación ha sido incorrecta y que el mercado seguirá en ascenso.

CAPÍTULO 8

LA GESTIÓN DE LAS POSICIONES

En cuanto a la gestión de la posición, podemos hacerlo breve y conciso. Esto se debe a que dependemos del *snapback*, es decir, un rebote de un movimiento anterior de precios. Como regla general, tendrás que conformarte con un beneficio de entre 70 y 100 puntos. Podría ser más, pero los contra movimientos después de un desplazamiento extremo suelen ser cortos. Es por eso que debes tomar lo que el mercado te ofrezca.

Aunque he experimentado con paradas de arrastre, no pude encontrar ningún beneficio en ellas. Tiene sentido, sin embargo, establecer la parada en el punto de equilibrio tan pronto como tengas una ganancia de 50 o 60 puntos. No tiene sentido dejar que la posición entre en pérdida una vez hayas obtenido tal beneficio.

La gestión de las posiciones

Como lo he dicho anteriormente, lo mejor que puedes hacer es tomar el dinero que está sobre la mesa y retirarte. Puede sonar poco ortodoxo, pero es la mejor decisión para tu cuenta.

CAPÍTULO 9

LA SALIDA

Una vez te has dado cuenta de que es imposible encontrar la entrada perfecta al mercado, (a menos que sea por casualidad), este razonamiento naturalmente se aplica también a la salida. A diferencia de la entrada, no soy tan paciente a la salida. Por ejemplo, si una operación ha obtenido un buen beneficio, pero aún no ha alcanzado el precio objetivo, no dudo en cerrarla si el mercado no supera cierto nivel. El *snapback* se fundamenta en tomar lo que el mercado te da. Si demoro demasiado en sobrepasar cierto nivel, no lo dudo y tomo lo que hay en la mesa.

Algunos traders pueden argumentar que estoy negociando por debajo de mi nivel óptimo, ya que no estoy aprovechando todo el potencial de la operación. Entiendo esta objeción. Sin embargo, proviene de una filosofía comercial que pacientemente abre posiciones y luego permite que el mercado decida si alcanzará primero el precio objetivo o la parada.

La salida

Si con respecto a la entrada debes comerciar solo cuando tienes miedo, **con la salida debes vender tan pronto sientes la codicia.**

La mayoría de los traders hacen lo contrario. Se impacientan con la entrada (son codiciosos para comprar o vender, sin importar qué) y luego son infinitamente pacientes en la salida (temen cerrar la posición, incluso si el beneficio no es tan grande). Con esta estrategia, debes aprender a tomar el dinero y correr.

Con el *snapback* debes esperar pacientemente por una buena oportunidad y luego golpear rápido, como un francotirador que aguarda un día entero para disparar un solo tiro. No puedo pensar en una mejor analogía para describir esta estrategia.

CAPÍTULO 10

¿CUÁNDO SE PRESENTAN LAS MEJORES OPORTUNIDADES?

La respuesta a esta pregunta tampoco está escrita en piedra, ya que las buenas oportunidades para este método pueden ocurrir en cualquier momento. Con respecto a los principales mercados, mi experiencia muestra que, en Nueva York, ocurren con mayor frecuencia al mediodía o al final de la tarde, cuando los mercados alcanzan mínimos o máximos diarios. Debes esperar hasta que tengas una oportunidad real, y la razón es simple. Si hay una fuerte tendencia en el mercado, y cada trader está corto, es posible que no puedas entrar en la tendencia contraria sino hasta el final del día, cuando los traders intradiarios cierran sus posiciones.

A menudo, este es un buen momento para actuar. Siempre debes tener en cuenta que, si el mercado ha experimentado una tendencia a lo largo del día, entonces aquellos que han negociado esta tendencia se están quedando con las ganancias, las cuales tomarán al final del día. Esto causa presión en la dirección opuesta, por lo que este suele ser el mejor momento para aplicar el método del *snapback*.

CAPÍTULO 11

PORQUÉ DEBES ESTUDIAR EL CALENDARIO ECONÓMICO

Una importante (y a menudo subestimada) herramienta de un buen trader es la evaluación correcta del llamado calendario económico. Me gusta usar el calendario del sitio www.forexfactory.com.

Figura 6: Calendario económico, 12 de diciembre de 2018

Date	5:48am	Currency	Impact	Detail	Actual	Forecast	Previous	Graph
Wed Dec 12	12:27am	AUD		Westpac Consumer Sentiment		0.1%		2.8%	
	12:50am	JPY		Core Machinery Orders m/m		7.6%	10.2%	-18.3%	
		JPY		PPI y/y		2.3%	2.4%	3.0%	
	5:30am	JPY		Tertiary Industry Activity m/m		1.9%	0.9%	-1.2%	
	10:00am	EUR		Italian Quarterly Unemployment Rate			10.3%	10.7%	
	11:00am	EUR		Industrial Production m/m			0.2%	-0.3%	
	2:30pm	CAD		Capacity Utilization Rate			85.9%	85.5%	
		USD		CPI m/m			0.0%	0.3%	
		USD		Core CPI m/m			0.2%	0.2%	
	4:30pm	USD		Crude Oil Inventories			-3.0M	-7.3M	
	7:01pm	USD		10-y Bond Auction				3.21|2.5	
	8:00pm	USD		Federal Budget Balance			-193.5b	-100.5B	
	10:45pm	NZD		FPI m/m				-0.6%	

El color del pequeño icono en forma de fábrica te puede dar una idea de la importancia del evento esperado.

Forexfactory trabaja con tres colores: amarillo, naranja y rojo. Los iconos amarillos y naranjas indican que las cifras no son tan importantes, al menos para mover el mercado de manera significativa. Si el ícono de fábrica es rojo, generalmente significa que el evento se considera importante, y que puedes esperar una mayor volatilidad (es decir, buenas oportunidades de trading). En el ejemplo de la figura 6, solo un evento significativo se presentó ese día: la publicación de los precios al consumidor de los EE.UU., A las 8:30 am. Los precios al consumidor representaron gran parte de la inflación general total. La inflación es importante para la valoración de las divisas, ya que la Reserva Federal podría aumentar las tasas de interés debido al alza de los precios.

Un movimiento considerable puede ocurrir, particularmente si las cifras se desvían significativamente de las expectativas. El pronóstico de los analistas para el día fue de 0.0%, lo que indicaba que no se esperaban cambios en los precios al consumidor. Este pronóstico resultó ser correcto, y los números de los analistas fueron confirmados. Igual observas cómo reacciona el dólar en un evento de este tipo y abres el gráfico del par EUR/USD. Si las cifras están en línea con las expectativas, generalmente no habrá movimientos importantes, ya que toda la información se cotizó en el mercado por adelantado. Excepto por una pequeña contracción, el mercado apenas se movió ese 12 de diciembre.

En cambio, un evento que fue puesto en amarillo por el equipo de forexfactory (lo que significa que era considerado de menor importancia) podría causar algo cercano a un deslizamiento de tierra en un mercado. Esto suele suceder cuando los números reales superan con tal diferencia las expectativas, que los actores involucrados en este mercado quedan realmente sorprendidos.

El calendario económico no es, por lo tanto, una herramienta infalible de pronóstico. Simplemente te permite saber si un evento importante es inminente o no. Siempre me sorprende los pocos traders que incluyen el calendario económico en sus consideraciones. Por ejemplo, una vez escuché a algunos traders preguntarse por qué los mercados apenas se movían de lunes a miércoles, al tiempo que operaban un estrecho rango. Sin embargo, ese jueves la decisión sobre la tasa de interés del Banco Central Europeo se publicaría. Les comenté esto a los traders en cuestión, que simplemente encogieron sus hombros y siguieron negociando el rango. Si las decisiones importantes de política económica o monetaria no afectan los mercados financieros, ¿entonces qué lo hace?

Por lo tanto, debes estudiar el calendario al comienzo de la semana y tomar algunas notas. Por ejemplo, si esperamos cifras de desempleo en Nueva Zelanda, tal vez deberías revisar el NZD/USD ese día. ¿Debería, como trader, estar interesado en las cifras de desempleo en Nueva Zelanda? La respuesta es sí. Aquí están:

Figura 7: Cifras de desempleo en Nueva Zelanda 2000 - 2018

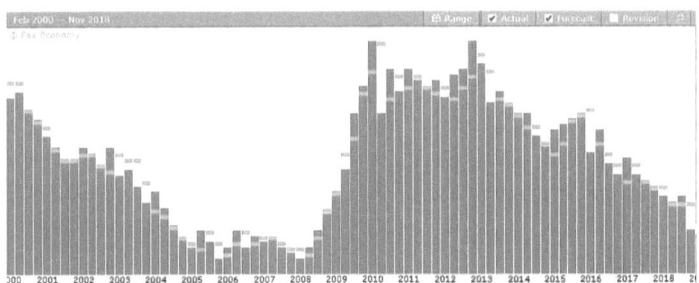

Puedes encontrar este gráfico haciendo clic en el pequeño botón marrón al lado del evento en forexfactory. Una ventana con una explicación del evento se abre. Puedes ver el gráfico justo debajo del término „historial". Haz clic en él para ver el desarrollo de las cifras en los últimos trimestres. Podemos ver claramente cómo la tasa de desempleo aumentó significativamente durante la crisis financiera de 2008. En los años siguientes, la economía de Nueva Zelanda pudo recuperarse, y la tasa de desempleo (a fines de 2018) se acerca a las buenas cifras anteriores a la crisis.

El 6 de noviembre, se anunció la tasa de desempleo (35 días después del final de cada trimestre). El índice anterior fue de 4,4%, y la expectativa de los analistas era que la tasa sería nuevamente de 4.4%. Sin embargo, las cifras fueron mucho mejores de lo esperado, ya que se ubicaron muy por debajo, en 3.9%. La reacción de los actores del mercado no se hizo esperar:

Figura 8: NZD/USD, gráfico horario, 2 al 7 de noviembre

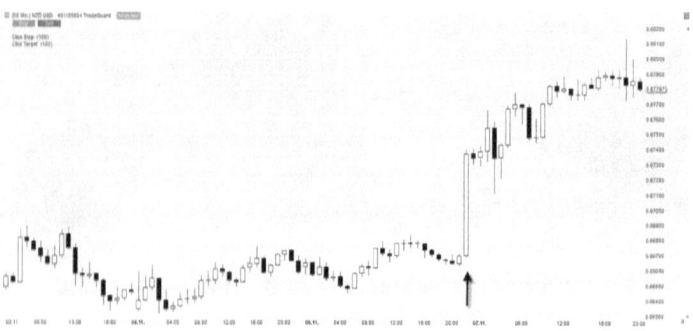

Como puedes ver en el gráfico, el mercado casi ni se movió en los días anteriores a la publicación de las cifras. Aparentemente, a los actores del mercado les gustó la nueva tasa de desempleo, porque inmediatamente después del anuncio, el dólar de Nueva Zelanda se disparó 70 pips. Digo „aparentemente", porque se podría considerar la cadena causal de „menos desempleados → bueno para la economía → bueno para la moneda". Sin embargo, esta cadena causal no es siempre segura.

¿Sería este movimiento ascendente suficiente para entrar en corto? Sinceramente no. Es un buen movimiento en este par, pero no es uno que yo llamaría «extremo», porque entonces el par tendría que haberse movido varios puntos porcentuales, o varios cientos de pips en una dirección. Y ese claramente no fue el caso aquí. El mercado reaccionó positivamente a las buenas cifras dentro del rango esperado. Pero no más.

CAPÍTULO 12

¿QUÉ MERCADOS SON MÁS ADECUADOS PARA LA ESTRATEGIA DEL *SNAPBACK*?

En principio, esta estrategia se puede implementar en cualquier mercado negociable. Es importante que el mercado que elijas negociar sea lo suficientemente líquido para que puedas salir rápidamente de una posición si es necesario. Aquí hay un resumen general de los mercados que me gusta comerciar:

Divisas: EUR/USD, EUR/JPY, AUD/USD, NZD/USD, USD/JPY, GBP/JPY, USD/CHF, USD/CAD, GBP/CHF, AUD/JPY, EUR/CHF

Índices: Dow Jones, NASDAQ, S&P500, DAX, CAC40, Eurostoxx50, Nikkei225.

Bonos: Futuro del Bund, Futuro del BOBL, Bonos de Estados Unidos a 30 años, Pagarés del tesoro a 10 años.

Metales preciosos: oro, plata, platino, paladio.

¿Qué mercados son más adecuados para la estrategia del snapback?

Materias primas: cobre, WTI, Brent, gas natural, trigo, maíz, cacao, algodón, jugo de naranja, café, azúcar.

Acciones: en su mayoría acciones estadounidenses con una capitalización de mercado de al menos $2 mil millones.

Estos son mis mercados habituales, pero, por supuesto, todos son libres de agregar más mercados a la lista. A veces puede ser interesante comerciar mercados no habituales. Durante la llamada „crisis italiana", negocié futuros sobre bonos italianos. Alternativamente, en las semanas previas a la votación del Brexit, operé en el FTSE 100, el cual normalmente no negocio. Siempre hay oportunidades cuando miras a tu alrededor con ojos y oídos abiertos y siempre pensando fuera de lo común.

PARTE 2:
EJEMPLOS DE TRADING

CAPÍTULO 1

EJEMPLOS EN LOS ÍNDICES BURSÁTILES

Figura 9: Futuro del DAX, gráfico horario

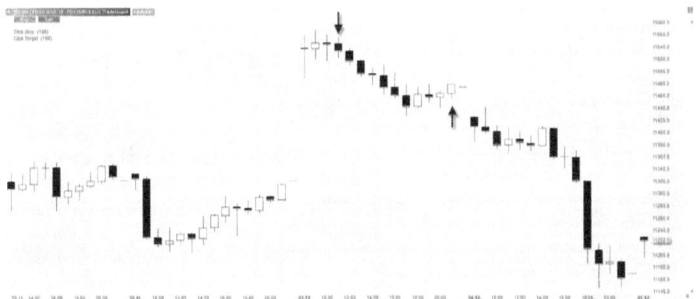

En este ejemplo, el futuro sobre el índice DAX abrió el lunes por la mañana del 3 de diciembre de 2018 con una brecha de más de 200 puntos. Una apertura muy entusiasta, pensé, esperando ansiosamente por la corrección. Después de que el mercado había oscilado entre 11,530 y 11,550 durante aproximadamente 2 horas, sin ningún aumento adicional, opté por una posición corta (flecha roja superior). Mi suposición fue confirmada. El FDAX empezó a caer, aunque sin grandes movimientos. En total, gane un poco menos de 100 puntos en la noche, y la brecha aún no se había cerrado para entonces. Sin embargo, quería estar en el lado seguro, y tomé la ganancia (pequeña flecha negra a la derecha). Como puedes ver, esta decisión fue muy prematura, porque a la mañana siguiente el FDAX abrió con una pequeña brecha hacia abajo. Durante el día, los futuros siguieron descendiendo, hasta que finalmente cerraron la brecha del lunes y cayeron aún más. Podría haber hecho más de 400 puntos con este intercambio si hubiera permanecido en la posición. La situación puede servir de crítica a mi método: estoy operando debajo de mi nivel óptimo si dejo tantos puntos en la mesa.

Pero, ¿cómo podría sospechar, en la tarde del 3 de diciembre, que el FDAX continuaría descendiendo a la mañana siguiente? No había manera de saberlo, ni yo ni nadie. Las brechas a veces se cierran de inmediato, pero otras veces pueden tardar meses en hacerlo. Lo único que realmente „sabía" era que una corrección después de tal brecha era probable, lo que finalmente sucedió. Aunque podría haber adivinado que la brecha se cerraría al día siguiente, decidí tomar lo que el mercado me había dado hasta ese momento. Creo que este es un principio primordial que a muchos les cuesta entender: tomar lo que el mercado ofrece y retirarse. Especular sobre lo que podría haber pasado simplemente no tiene sentido. No hay manera de saberlo. Recuerda: el método del *snapback* **es una reacción a un movimiento extremo**. Desafortunadamente, el alcance de esta reacción es algo que no se puede predecir, por lo que creo que es mejor cerrar la posición.

Figura 10: Futuro del Mini Dow Jones, gráfico horario, 8 al 16 de octubre de 2018

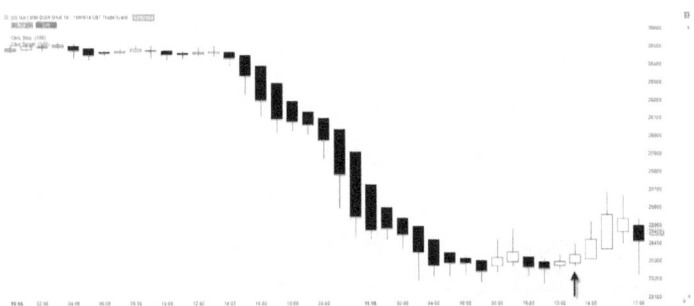

El 10 de octubre, el futuro del Dow Jones cayó más de 1,000 puntos. Como puedes ver en el gráfico Heikin Ashi, casi no se presentó un contra movimiento significativo. En este escenario, el trader del *snapback* debe ser paciente. El mínimo del movimiento fue de 25,188 puntos, que se alcanzó en la madrugada del día siguiente. Solo que, en la mañana europea, un importante movimiento contrario impulsó el futuro más de 450 puntos hacia arriba (flecha inferior). Un trader experto podría haber realizado más de 200 puntos aquí.

Por supuesto, tales movimientos rara vez ocurren, pero vale la pena negociarlos, porque las „correcciones técnicas" usualmente generan más de cien puntos.

CAPÍTULO 2

EJEMPLOS EN EL MERCADO DE DIVISAS (FOREX)

Figura 11: GBP/JPY, gráfico de 4 horas, septiembre - noviembre 2018

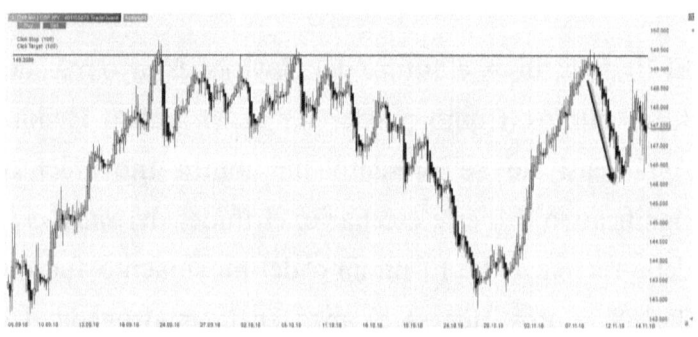

De vez en cuando, el mercado te ofrece lindos obsequios, como en este ejemplo. Al menos, lo consideré como tal. Como puedes ver, durante el mes de septiembre, el GBP/JPY falló repetidamente en romper la resistencia en 149.28 (línea horizontal superior). En total, el mercado logró tocar la resistencia en cuatro ocasiones, pero en cada una fue rechazado por los vendedores. Dado que todos estos intentos se basaron en pequeños movimientos, no hubo necesidad de actuar aquí. Finalmente, el par GBP/JPY retrocedió durante el próximo mes, alcanzando el soporte en 143.00. Sin embargo, comenzó a subir nuevamente el 1 de noviembre de 2018, formando una tendencia alcista apenas acompañada por correcciones significativas. El modo heikin ashi del gráfico trazó muy bien la casi vertical tendencia alcista con muchas velas verdes (flecha verde). El par repuntó más de 5,000 pips, hasta que finalmente recuperó la resistencia en 149.28.

Figura 12: GBP/JPY, gráfico horario, 8 de noviembre de 2018

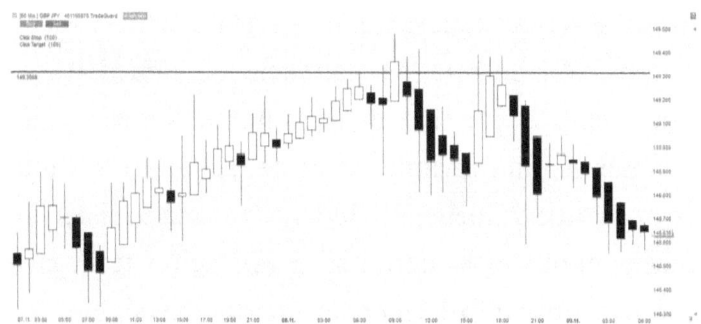

Vemos en el gráfico horario que el par alcanzó la resistencia en la madrugada del 8 de noviembre. Alrededor de las 9:00 a.m., hubo un primer intento fallido por superarla, pero el par se mantuvo por debajo de la resistencia en las horas posteriores. Aquí, por supuesto, podrías abrir una primera posición corta, a menos que esperaras la confirmación, que vendría unas horas más tarde. El problema, como en este caso, es que siempre puede haber un segundo intento fallido de vencer la resistencia, y solo entonces recibirás la confirmación. Sin embargo, el par también podría empezar a caer inmediatamente después del primer intento. Independiente del camino que elijas tomar, experimentarás repetidamente que el mercado decidirá un camino diferente al tuyo. A veces, como en este ejemplo, el mercado intentará romper la resistencia dos veces, otras veces girará de inmediato y correrá en la otra dirección, y por supuesto, también puede superar la resistencia, después de varios intentos si es necesario. Por lo tanto, si recibes esta señal, deberías ir corto. A veces, tu posición entrará en ganancia de inmediato, y otras tendrás que esperar unas horas. Sin embargo, si observas un movimiento firme (gritando por una corrección), y luego se detiene en una resistencia fuerte, entonces es como si la operación te llegara como un obsequio del mercado. En los días siguientes, el par cayó más de 3,000 puntos, como se muestra en la Imagen 11.

Figura 13: GBP/USD, gráfico horario, 17 a 29 de septiembre de 2018

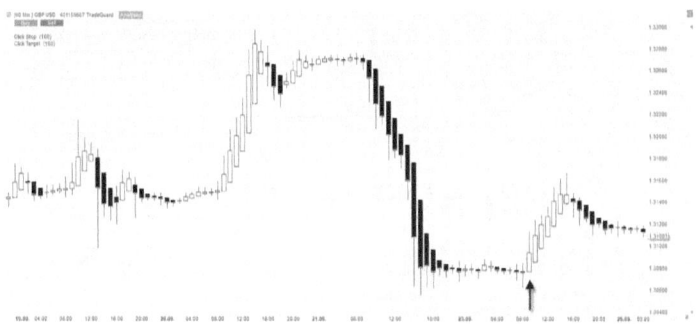

Este es un buen ejemplo con la libra británica. El viernes 21 de septiembre, la libra había caído más de 200 pips. No fue un gran movimiento, pero al menos uno decente después de las ganancias del día anterior. El par alcanzó sus mínimos en la tarde y luego se movió lateralmente en las horas de la noche, en un rango estrecho. Por supuesto, siempre es arriesgado tomar una posición antes del fin de semana, por lo que prefiero esperar un poco para entrar al mercado. Y el lunes por la mañana, el „contra movimiento técnico" ocurrió. Un trader en busca del *snapback* habría podido ganar de 50 a 60 pips con el repunte.

Como puedes ver, en esta estrategia debes ajustar tu objetivo de ganancias al movimiento anterior. Esperar una corrección de 150 pips con un movimiento previo de 200 pips es muy ambicioso. Después de un movimiento de 200 pips, es más razonable anticipar una corrección de 50 o 60 pips. La parada debe estar al menos a 100 puntos de distancia.

CAPÍTULO 3

EJEMPLOS EN EL MERCADO DE VALORES

Figura 14: Weight Watchers, gráfico de 15 minutos, 1 a 6 de noviembre de 2018

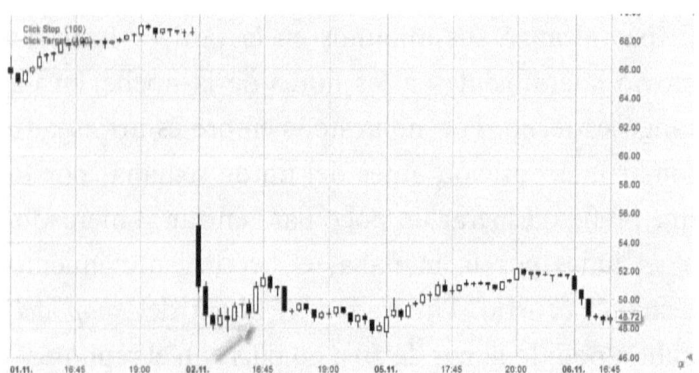

Las acciones de Weight Watchers (NASDAQ: WTW) abrieron el 2 de noviembre de 2018 con una brecha a la baja de más de $14. El precio cayó aún más en la primera media hora del día, perdiendo casi otros $8. En total, las acciones perdieron más de 30% de su valor en la jornada de negociación. Este desplome se presentó después de que la gerencia anunciara que el número de suscriptores a Weight Watchers había disminuido y que la compañía no había cumplido las expectativas de ventas en el tercer trimestre. La acción cayó por debajo de $48 media hora después de su apertura, a pesar de que estaba en $68 la noche anterior. Por supuesto, el 30% en un día es como un derramamiento de sangre en el mercado. Sin embargo, para un trader del *snapback* en busca de una ganancia rápida, era una buena oportunidad de ganar algunos puntos con el rebote. Como puedes ver en el gráfico, esta „corrección técnica" se produjo aproximadamente una hora después (flecha verde en la parte inferior). Aquellos siguiendo la acción podrían entrar en $48.50 y vender a $51 después de unos 45 minutos. Esto puede parecer migajas para algunos, pero estas migajas representan 5.15% del precio total de la acción en menos de una hora. Esto es difícil de lograr en la negociación bursátil en días convencionales. Sin embargo, podrías obtener rendimientos igualmente rápidos en una caída dramática de una acción y la volatilidad asociada. En este ejemplo, habría establecido la parada alrededor de $46.50, $2 menos que mi precio de entrada, sabiendo que podría activarse en cualquier momento, lo que no sucedió en este caso.

Figura 15: Green Sky, gráfico de 15 minutos

Las acciones de Green Sky Inc. (GSKY) cayeron un 38% en la mañana del 6 de noviembre, después de no cumplir con las expectativas de ventas del trimestre de septiembre y publicar un pronóstico negativo para el próximo. Como puedes ver, la publicación no fue del agrado del mercado. En la primera hora de negociación, las acciones cayeron aún más, de $10 a $8.80. Entonces aparecieron algunos compradores. El trader del *snapback* podría comprar a $9 (pequeña flecha verde a la izquierda), aunque la compra habría sido demasiado apresurada, ya que la acción se hundió a $8.55 en la siguiente media hora. La corrección se produjo después de esta segunda caída. La posición entró primero en pérdida, pero luego se recuperó y finalmente cruzo el umbral de beneficio (flecha verde grande). El trader podría vender las acciones en aproximadamente $9.50, una respetable ganancia de 5.50% en dos horas. Sin embargo, debes ser rápido y estar listo para tomar lo que el mercado te ofrece. Como muestra el ejemplo, nunca debes asumir que siempre vas a comprar a un precio bajo. Solo por esa razón, recomiendo posiciones más pequeñas y paradas más generosas. En ese caso, la parada podría haberse colocado en alrededor de $8.50. Con estos tipos de operaciones, no lograrás buenos índices de riesgo/recompensa, así que debes intentar obtener al menos uno de 1: 1. Si arriesgas un dólar, también deberías intentar conseguir uno. En última instancia, es la tasa de aciertos — relativamente alta en este método — la que te dará el beneficio.

En el caso de Green Sky, vemos que las acciones se negociaron en un rango entre $9 y $9.50 por el resto del día. Mi experiencia me dice que e**s mejor entrar en la primera corrección**. Las recuperaciones y las olas de compra posteriores no son tan confiables.

Figura 16: Signet Jewelers, gráfico de 5 minutos

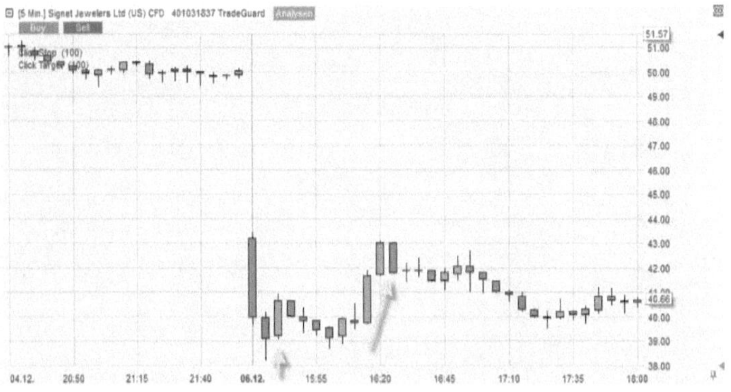

En el caso de Signet Jewelers, el precio de la acción sufrió una caída de 20% el 6 de diciembre, pasando de $50 a $40. La cadena de joyerías reportó una pérdida trimestral de $29.9 millones, o $1.06 por acción. En los primeros minutos del día de negociación, la acción cayó a casi $38. Luego aparecieron los primeros compradores, como puedes ver en la tercera vela, que fue alcista. Si, por ejemplo, hubieras comprado aquí a $40, también habrías tenido que esperar aproximadamente media hora para la corrección. La acción volvió a caer por debajo de $39, pero después de eso, los compradores entraron y volvieron a empujar el precio a $43. Suponiendo que saliste en $42, habrías obtenido un 5% de ganancia en una hora.

CAPÍTULO 4

EJEMPLOS EN EL MERCADO DE MATERIAS PRIMAS

Figura 17: Futuro del gas natural, gráfico horario, 14 de noviembre de 2018

Los mercados de materias primas ofrecen las mejores oportunidades para los traders del *snapback*, ya que a veces se pueden producir grandes movimientos en un corto período de tiempo, lo cual es raro en los mercados de divisas o los índices. Mira este movimiento ascendente en el futuro del gas natural. El mercado había mantenido un desplazamiento lateral en el rango de $3.20. El 2 de noviembre, rompió este rango y se cotizó en alrededor de $3.50, unos treinta centavos más. En los días siguientes, el gas natural siguió cotizando al alza, subiendo eventualmente más de 60 centavos en dos horas el 14 de noviembre. En general, ¡el mercado aumentó un 50% en menos de 2 semanas! En la tarde del 14 de noviembre, el futuro incluso alcanzó los $4.90 en un segundo movimiento.

Figura 18: Futuro del gas natural, gráfico de 15 minutos, 14 de noviembre de 2018

Como muestra claramente la imagen, ya habrías podido obtener un beneficio decente durante el primer movimiento, ¡porque el mercado se corrigió en 50 centavos! Estos son enormes movimientos intradiarios, a veces de más de 10%. Creo que habla por sí solo que, como trader, debes ajustar el tamaño de tu posición cuando negocias en ese tipo de escenarios.

La segunda ola llegó por la noche, que nuevamente se acercó al nivel de los $4.90. Luego, cuando el futuro no pudo superar esta resistencia, para mí fue una clara señal corta (pequeña flecha superior). Solo tuve que esperar hasta el día siguiente para la corrección. En pocas horas, el futuro cayó de $4.80 a $4.00. Esa fue una ganancia de más de 16%. No la conseguirás a menudo, pero como ves, es posible.

Figura 19: Futuro del trigo, gráfico horario, 6 de noviembre a 10 de diciembre de 2018

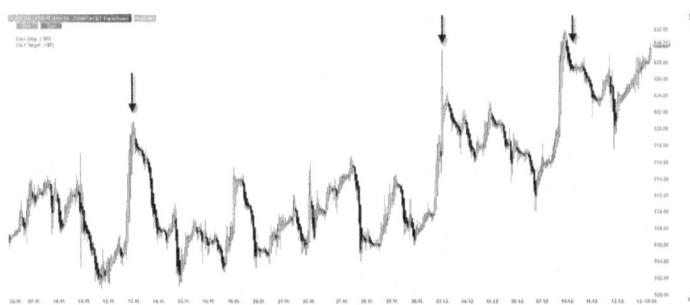

El trigo es otra materia prima que me gusta negociar. Puedes contar con el hecho de que siempre hay exageraciones muy rentables en ambas direcciones. Este gráfico horario ilustra muy bien el ejemplo. Nuevamente, es mejor comprimir el gráfico para que puedas ver las exageraciones en contexto. En ese momento, el trigo oscilaba en un rango de $5 a $10, pero hubo tres exageraciones (flechas rojas) que, para mí, eran una clara invitación a operar en corto. ¿Siempre funciona? ¡No! Sin embargo, lo hace bastante a menudo, y eso es suficiente. Como puedes ver, cada dos semanas aproximadamente tienes una oportunidad como esta, si sigues este mercado.

GLOSARIO

Brecha: Abertura entre 2 días de negociación.

Cisne negro: Un evento imprevisto que da un giro decisivo al desarrollo económico.

Bróker o Agente: Proveedor de servicios financieros responsable de la ejecución de las órdenes de los inversores de valores.

DAX: El principal índice bursátil alemán.

Deslizamiento: La diferencia en el precio de operación esperado y el precio al que se ejecutó.

Estrategia de entrada: Una estrategia que determina la entrada en un mercado.

Estrategia de salida: Una estrategia que determina la salida de un mercado.

Forex: El mercado internacional para la comercialización de las divisas.

Francogeddon: El 15 de enero de 2015, el Banco Nacional de Suiza levantó sin previo aviso el tope mínimo de cotización del euro de 1,20. El franco suizo aumentó su precio en casi un 20 por ciento.

Futuro: Contrato estandarizado para comprar o vender una cantidad específica de un producto a un precio específico, en una fecha específica.

Futuro del Bund: Contrato a término alemán, que se refiere a un bono federal alemán a largo plazo, nocional, con una tasa cupón de 6 por ciento y un vencimiento de 10 años.

Futuros E-Mini: Contrato de futuros del índice bursátil estadounidense S&P 500.

Gestión del dinero: Una estrategia de valor agregado que apunta a controlar el riesgo de una cartera de activos al establecer el tamaño de las posiciones individuales de trading.

Gestión de riesgo: Incluye todas las medidas para la identificación sistemática, análisis, evaluación, seguimiento y control de riesgos.

Heikin Ashi: "Balancearse en un pie". Representación japonesa del cambio en los precios.

Hipótesis del mercado eficiente: De acuerdo a esta teoría, los mercados financieros son eficientes en la medida en que la información existente ya tenga un precio asignado y, por lo tanto, ningún participante del mercado puede lograr ganancias superiores a la media mediante el análisis técnico, el análisis fundamental, uso de información privilegiada o de otra manera.

Indicador: Identificación del análisis técnico, que está diseñada para determinar los movimientos de precios de los valores.

Índice de acciones: Un indicador del rendimiento del mercado de valores en su conjunto o de grupos de acciones individuales (por ejemplo, Dow Jones Industrials).

Largo: Ir largo, comprar valores y ser dueño de ellos.

Liquidación de posiciones cortas: O "short squeeze", la escasez de un activo que se ha vendido previamente en grandes cantidades.

Liquidez: Describe hasta qué punto se puede vender y comprar un activo en un momento dado.

Media móvil: Indicador de media móvil.

Media móvil exponencial: La media móvil exponencial reduce el retraso en la formación del precio promedio al dar más peso a los precios recientes.

Media móvil simple: La media móvil simple se forma calculando el precio promedio de un activo en un número específico de periodos.

Parada de arrastre: Una orden de venta automática.

Parada de pérdida: Comúnmente conocida como *"stop loss order"*, orden de venta que se lleva a cabo una vez que se alcanza un precio determinado.

Glosario

Penny stock: Acciones con un valor inferior a un dólar en la moneda local.

Pip: El cambio más pequeño en el precio de una divisa en el mercado.

Posición corta: Posición en la que se vende un activo sin poseerlo.

Precio objetivo: Precio del mercado que debe alcanzar un activo en base a un análisis previo.

Reducción: Pérdidas que pueden surgir del pico alto de un valor dentro de un cierto tiempo.

Relación riesgo recompensa (RRR): El RRR sirve como un indicador del valor de una operación. Se calcula dividiendo la rentabilidad esperada entre la mayor pérdida posible (la parada de pérdida).

Reversión a la media: La tendencia de un mercado financiero a regresar al promedio después de experimentar un movimiento extremo.

Scalping: Técnica de trading en la que el operador trata de negociar movimientos mínimos del mercado.

Seguimiento de tendencia: Estrategia de trading que se basa en seguir una tendencia una vez identificada.

S&P 500: Standard & Poor's 500, un índice bursátil que incluye 500 de las más grandes compañías estadounidenses que cotizan en bolsa.

Toma de beneficios: Orden automatizada que se activa tan pronto como se haya alcanzado un objetivo de precio predefinido.

Trading automatizado o algorítmico: El trading automático de valores realizado por programas de ordenador.

Vela japonesa: Representación gráfica de los cambios en los precios del mercado basada en una tecnología de análisis japonesa.

Tasa de aciertos: Describe la proporción entre operaciones ganadoras y perdedoras.

Trading intradía: El comercio especulativo a corto plazo de valores. Las posiciones se abren y cierran dentro del mismo día de negociación, con el objetivo de beneficiarse de las bajas fluctuaciones de los precios.

Volatilidad: Desviación estándar: Indica cuánto fluctúa un precio.

OTROS LIBROS DE HEIKIN ASHI TRADER

Cómo empezar un negocio de trading con $500

Muchos operadores nuevos cuentan con poco capital disponible al principio, pero esto no es un obstáculo para iniciar una exitosa carrera de trading.

Sin embargo, este libro no trata sobre cómo convertir una cuenta de $500 en una de $500,000. Son precisamente estas expectativas de retorno exageradas las que llevan a la mayoría de los principiantes al fracaso.

En cambio, el autor muestra, de manera realista, cómo puedes convertirte en un trader a tiempo completo a pesar de tu limitado capital inicial. Esto aplica tanto a los operadores que quieren negociar de manera independiente como a aquellos que desean comerciar con los fondos de sus clientes.

Este libro muestra paso a paso cómo hacerlo. Además, cada paso cuenta con un plan de acción concreto. En principio, cualquiera puede ser un trader, si está dispuesto a aprender todos los pormenores de este negocio.

¿Cómo hacer scalping con el futuro del mini DAX?

Gracias a la introducción de los futuros del mini-DAX (símbolo **FDXM**), los traders privados con cuentas más pequeñas tienen ahora la posibilidad de hacer scalping sobre el índice alemán DAX de una manera profesional. A diferencia de la mayoría de instrumentos de trading, los futuros son la forma más transparente y eficaz para ganar dinero en los mercados financieros.

Los scalpers tienen infinitamente más oportunidades a la hora de hacer trading que los operadores de posición o los traders intradía, lo que constituye la verdadera fortaleza de este estilo de negociación. Por consiguiente, el scalper puede gestionar su capital de una manera más eficaz que los demás participantes en el mercado, y de este modo, obtener mejores rendimientos.

En este libro, el trader Heikin Ashi te muestra cómo hacer scalping exitosamente con el nuevo futuro del DAX. Aprenderás a entrar al mercado, a manejar tu posición y a encontrar el momento preciso para salir. Además, el libro contiene una gran cantidad de consejos y herramientas para hacer de tu trading una práctica aún más eficaz y precisa.

SOBRE EL AUTOR

Heikin Ashi Trader es el seudónimo de un trader con más de 18 años de experiencia en el day trading de futuros y divisas. Se especializa en el scalping y el day trading ultra-rápido. Además de su actividad comercial, también ha publicado múltiples libros en los que enseña sus métodos de negociación. Los temas que trata son: scalping, swing trading y gestión de dinero y riesgo.

www.ingramcontent.com/pod-product-compliance
Lightning Source LLC
Chambersburg PA
CBHW022110170526
45157CB00004B/1572

9781090261632